AF238460

ALLES AMBERG

ALLES AMBERG

Kuriositäten, Geschichten und Wissenswertes aus Amberg

von A wie Ammenberg bis Z wie ZOO

*Herausgegeben von Manfred Wilhelm,
gesammelt und geschrieben von
Manfred Wilhelm, Dr. Matthias Schöberl und Florian Häusler,
gestaltet von Philipp Koch/Büro Wilhelm,
mit einem Nachwort von Eckhard Henscheid
und Illustrationen von Eva Wünsch und Luisa Stömer.*

BÜRO WILHELM VERLAG

MAMA
AMBERG

VORWORT

Die durchschnittlichste? Die allerzentralste?
Die festeste? Oder die liebenswerteste? Was wissen wir eigentlich wirklich über unsere Stadt? Definitiv zu wenig. Darum haben wir Geschichten und Kuriositäten aus Amberg für dieses Buch gesammelt und aufgeschrieben: Neues und Altbekanntes, Daten und Fakten, Triviales und Informatives, Kulinarisches, Unterhaltsames und Verblüffendes. Kurz gesagt – ein Sammelsurium von A bis Z aus Nützlichem und Unnützem.

In diesem Buch treffen beispielsweise der Eselsbeck, Walter Gropius, ein Topmodel und Winnetou aufeinander. Der Ring-Raser, der Rausch und der Rhein-Main-Donau-Kanal füllen eine Doppelseite. Man stolpert über Begriffe wie Kraftwerk, Kreisverkehr und Knödel. Auch der Tierfreund erfährt Verblüffendes über Heuschrecken, Wölfe und Bären im Amberger Stadtgebiet. Und wer mehr über Ufos wissen möchte, die man in der Stadt gesehen haben will, wird hier ebenfalls fündig.

Vielleicht werden Sie als Einheimischer fragen: *Braucht's des?* Die Antwort kann nur lauten: *No fraale! (Selbstverständlich!)* Denn das und noch viel mehr ist ALLES AMBERG.

Nun aber viel Vergnügen beim Schmökern, beim Suchen und Finden und Staunen...

Manfred Wilhelm, Herausgeber

PS: Dabei erheben wir selbstverständlich keinerlei Anspruch auf Vollständigkeit und bitten um Nachsicht, falls sich der ein oder andere Fehler eingeschlichen haben sollte.

10 DINGE,

die man als Besucher in Amberg erlebt haben MUSS!

Blick über die Stadt
vom Mariahilfberg aus genießen

*

Luftflipper im Luftmuseum spielen

*

Im Sommer am Samstag
frühmorgens auf dem Marktplatz sitzen
und dem Markttreiben zusehen

*

Kirche Maria Schnee in Atzlricht
abends mit dem Fahrrad anfahren

*

Bei einer Plättenfahrt auf der Vils
unter der Stadtbrille hindurchgleiten

*

Saure Bratwürste essen

*

Martinsturm besteigen

*

Im Stadtgraben spazieren gehen

*

Amberger Bier trinken

*

Jesuskind („Engerl") in der Bergkirche rauslassen

1. AMBERGER ADRESS-KALENDER VON 1892

VORBEMERKUNG

„Möge das verehrliche Publikum die Güte haben, Unrichtigkeiten, welche sich beim Gebrauche des (Adreß)Buches ergeben, [den Autoren] mitzutheilen, damit durch Verbesserung derselben das (Adreß)Buch ein wirklich brauchbares und zuverlässiges Auskunftsmittel werde!"

AMMENBERG

Die älteste schriftliche Erwähnung Ambergs stammt aus dem Jahr 1034. Mit einer Urkunde vom 24. April dieses Jahres schenkte Kaiser Konrad II. dem Bamberger Bischof Eberhard I. Bann-, Markt-, Zoll- und Schifffahrtsrechte und alle Rechte, die der Kaiser und der bayerische Herzog in einem Ort, der „Ammenberg" genannt wird, hatten. Die Ortsbezeichnung „Ammenberg" lässt sich auf die „Burg eines Ammo" zurückführen. Die Geschichte Ambergs begann jedoch schon vor 1034. Bereits in der Eisenzeit existierte eine keltische Siedlung. Diese ging aber unter, so dass wohl im karolingerzeitlichen 8./9. Jahrhundert eine neue Siedlung entstand.

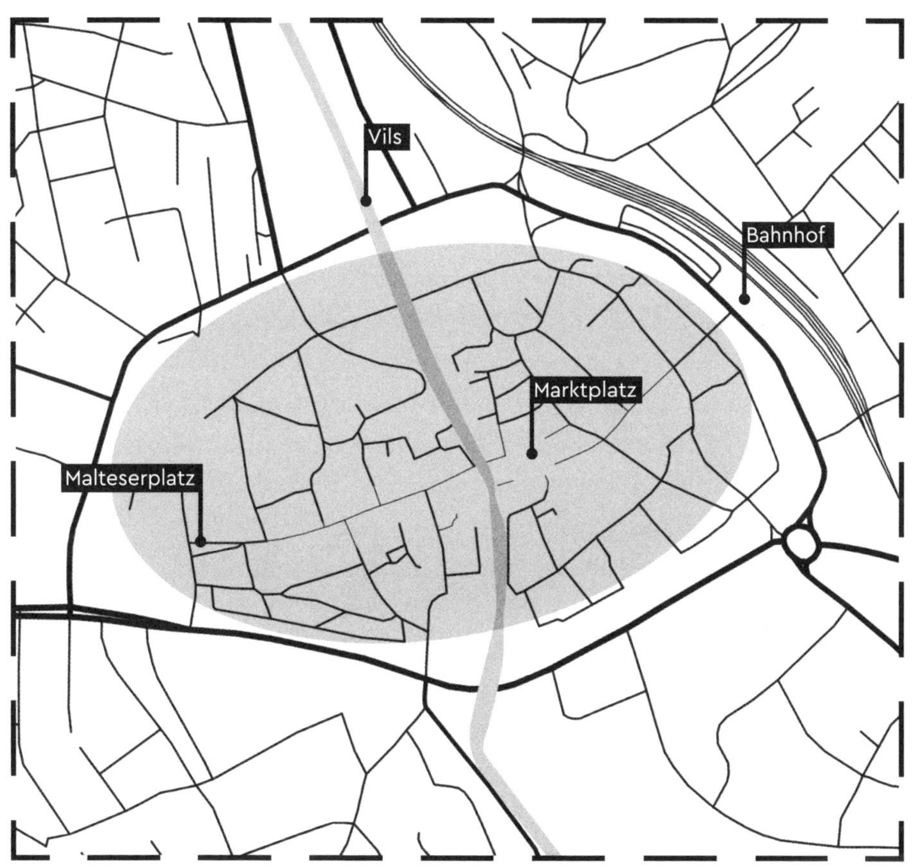

Amberger Ei

Die etwa drei Kilometer lange ovale Stadtmauer umschließt die Altstadt – aus der Vogelperspektive gut sichtbar – eiförmig und hat ihr deshalb den Namen „Amberger Ei" gegeben. Sie gehört zu den besonders gut erhaltenen mittelalterlichen Befestigungsanlagen in Deutschland.

AUFENT-HALTS-QUALITÄT

Öffentliche Plätze in der Innenstadt mit Aufenthaltsqualität, Sitzgelegenheit und ohne Konsumzwang

Sitzbank hinter dem Luftmuseum, an der Vils

*

Platz hinter dem Marienheim/Bastei

*

Maltesergarten, Englischer Garten und Maxplatz

*

Rossmarkt

*

Stadtgraben, Nähe Kräuterwiese am Goldfischteich

*

Rosengarten im Landratsamt, Zeughausstraße

*

Viehmarkt mit Schweinchenbrunnen

*

Bänke auf dem Marktplatz

ANDERE AMBERGS

AMBERG
Unterallgäu, Deutschland

*

AMBERG
Kärnten, Österreich

*

AMBERG
Wisconsin, USA

AUSSICHTSPUNKTE

TERRASSE DER BERGGASTSTÄTTE AUF DEM MARIAHILFBERG

*

MARTINSTURM (ANMELDUNG ZUR FÜHRUNG IN DER TOURIST-INFO)

*

PHILOSOPHENWEG

*

VESUNA-TURM AUF DEM LGS-GELÄNDE

Arme-Sünder-Glocke

Am 18.09.1935 erklang zum (bisher) letzten Mal die Arme-Sünder-Glocke vom Martinsturm. Sie begleitete die Hinrichtung eines Dreifachmörders in der Fronfeste. Seitdem schweigt die 290 Kilo-Schönheit.

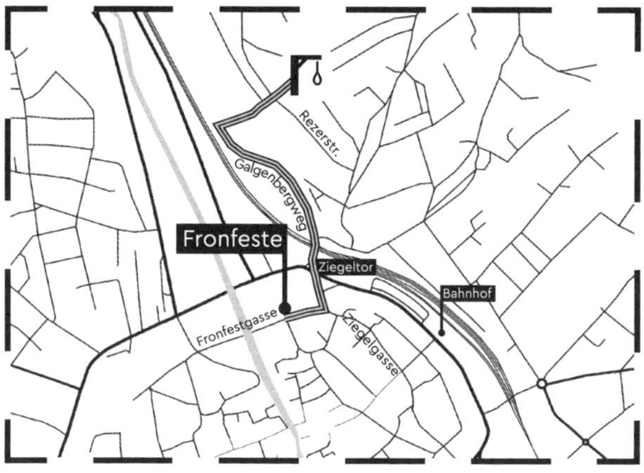

ARMESÜNDERWEG

Der letzte Weg eines Verurteilten von der Fronfeste durch das Ziegeltor über den Galgenbergweg zur Richtstätte oberhalb der Rezerstraße

→ GALGENBERG

AUTOKENNZEICHEN, BELIEBTE

AM-A
FÜR LATEIN-FREAKS UND ALTPHILOLOGEN

AM-EN
FÜR FROMME

AM-I
FÜR AMERIKANER ODER FÜR FRANZOSEN

AM-OR
FÜR DAUERVERLIEBTE

AM-KO
EIN MÜDER

AM-OK
ZUFRIEDENER ODER UNZUFRIEDENER BÜRGER

AM-MO
HISTORISCH GEBILDETER AMBERGER

AM-AS
PENDLER IN DEN LANDKREIS

AM-BO
FÜR VORLESER UND PREDIGER

MUNDART

A WENG
ein wenig

A WENG WENG
sehr wenig

AFFE
hinauf

AAFDRAAN
aufdrehen

AAMAL
einmal

AASGSCHAMT
unverschämt

AASZUZLN
aussaugen

ÄIZ
jetzt

ALAHALING
Allerheiligen

ASSE
hinaus

ASSEWATZ
hinauswärts

AMBERGER HOCHZEIT

Die sogenannte „Amberger Hochzeit“ war ein großes Fest aus Anlass der Vermählung des Philipp von der Pfalz (26 Jahre) mit Margarete von Landshut (18 Jahre). Die Heirat war seit Margaretes 12. Lebensjahr vereinbart. Das Fest fand vom 19. bis zum 23. Februar 1474 statt. Laut Überlieferung wurde dabei Folgendes verzehrt:

11.300 HÜHNER
200 KAPAUNE (MASTHÄHNE)
1.155 KÄLBER
50 OCHSEN
400 SPANSÄUE
60 TONNEN GESALZENES SCHWEINEFLEISCH
24 TONNEN GESALZENE HERINGE
800 STÜCK STOCKFISCH
80 ZENTNER SCHOLLE
26.200 EIER
30 MILCHKÜHE
MALVASIERWEIN (GRIECH.)
RHEINWEIN
ITAL. WEIN
110 FUDER LANDWEIN = 96.800 LITER
BIER IN UNBEKANNTER MENGE

ÄLTESTE KIRCHEN

VOR 1094
ST. GEORG
(1359 NEUBAU)

1312
FRAUENKIRCHE
(HOFKAPELLE)

UM 1350
SPITALKIRCHE

VOR 1382
KATHARINENKIRCHE

AB 1421
ST. MARTIN (NEUBAU)

1452
EHEM. FRANZISKANERKIRCHE

1514
DREIFALTIGKEITSKIRCHERL

1674
KONGREGATIONSSAAL

1697
MARIA HILF

1699
SCHULKIRCHE
(1757 ROKOKO-AUSSTATTUNG)

1711
SEBASTIANSKIRCHE
(VORGÄNGERBAU AUS DEM MITTELALTER)

1717
PAULANERKIRCHE

ARC DE TRIOMPHE

Am Arc de Triomphe in Paris ist der Name AMBERG eingemeißelt. Hintergrund: Am 24. August 1796 standen sich nordwestlich von Amberg (südlich des Ortsteils Witzlhof-Traßlberg, auf der Anhöhe am Sünderbühl, jetzt Netto-Markt) französische Revolutionstruppen und kaiserlich-österreichische Streitkräfte in einer Schlacht gegenüber, die mit einer Niederlage der französischen Truppen endete. Trotz der Niederlage wurde Amberg per Inschrift „verewigt".

MUNDART

BAAM
Baum

BÄIGN
weinen, schreien

BETTSOICHL
verweichlichter Mensch

BIASCHTN
bürsten

BIESLN
urinieren

BIXN
unsolide Frau, Büchse, Dose

BLADDAD
haarlos

BÄIA
Bier

BÖLLE
großer Kopf, roter Kopf

BOODA
Friseur

BAHNHOF-STRASSE

Langlebigen Wesen wie Vampiren kann man nur raten, sich nicht in der Bahnhofstraße niederzulassen. Denn im Schnitt wechselt die alle 30 Jahre ihren Namen: Ab dem Jahr 1859 gab es noch die zur Kirche Maria Hilf hinführende „Marienstraße", zwischen den beiden Nabburger Straßen die Straße „Auf der Wart". Ab 1901 firmierte die gesamte Straße dann als „Prinzregentenstraße", 1925 umbenannt in „Auf der Wart". Von 1934 bis 1945 trug die Straße dann den Namen des bayerischen Reichsstatthalters Franz „Ritter von Epp", nach dem Krieg ging man zu „Auf der Wart" zurück. Seit 1955 fahren und gehen die Amberger durch die Bahnhofstraße.

Beilager

Anlässlich der Vermählung von Friedrich V. mit Elisabeth Stuart, der Tochter des englischen Königs Jakob I., berichtete der Statthalter Christian von Anhalt dem Amberger Rat, dass „die christliche Kopulation und das fürstliche Beilager gottlob glücklich und wohl abgehalten" wurden. Voll Dankbarkeit spendierten die Oberpfälzer Stände den Brautleuten 60.000 Gulden für ein ziemlich üppiges Hochzeitsgeschenk.

BERUFE IN AMBERG
UM 1898

Beleuchtungsdiener
Bierwirth
Pfründnerin
Kohlenhändler
VERSETZERIN
Hochofenarbeiter
Austrägler
Schneidsägearbeiter
Postexpeditor
Emailbrenner
Magaziner
Wechselwärter
Blecharbeiter
WACHSZIEHER
Premierleutnant
Rangiergehilfe
OBERMÜLLER
Flurwächter
Taglöhner
Brandmetzger
Seifenfabrikant
STRICKER
Zahlmeisteraspirant

Lumpensammler
Instrumentenmacher
Hilfsgeistlicher
Kommis
Porzellanmacher
Gewehrfabriksdirektor
Bettfedernreiniger
Pflasterzolleinnehmer
GEOMETERASSISTENT
Spezereihändler
Büchsenmacher
Pferdeknecht
Steingutdreher
Zeughauptmann
Hundescherer
Korbflechter
LIQUOERFABRIKANT
Saitenmacher
Lebküchner
Kutscher
Dienstbotenverdingerin
Sattlermeister
Lyzealprofessor

BAUMANN

Die Amberger Firma „Gebrüder Baumann“ gehörte zu den bedeutendsten Emaillewaren-Fabriken Deutschlands und exportierte emaillierte Küchengeräte und Geschirre von Amberg aus in die ganze Welt. Die Firma wurde 1872 gegründet und beschäftigte in ihrer Blütezeit um 1908 etwa 3.000 Beschäftigte. 1986 musste die Firma Konkurs anmelden, und die Firmengebäude an der Jahnstraße/Marienstraße wurden ab 1987 abgerissen. Heute befindet sich an dieser Stelle das Dienstleistungszentrum Marienstraße. Im Jahre 2000 wurde hier von Nachfahren der Firmengründer ein modernes Gebäude mit dem doppeldeutigen Namen „Email-Fabrik“ gebaut.

BAUMANN-VILLEN

HIER STEHEN/STANDEN DIE VILLEN UND HÄUSER DER UNTERNEHMERFAMILIE BAUMANN

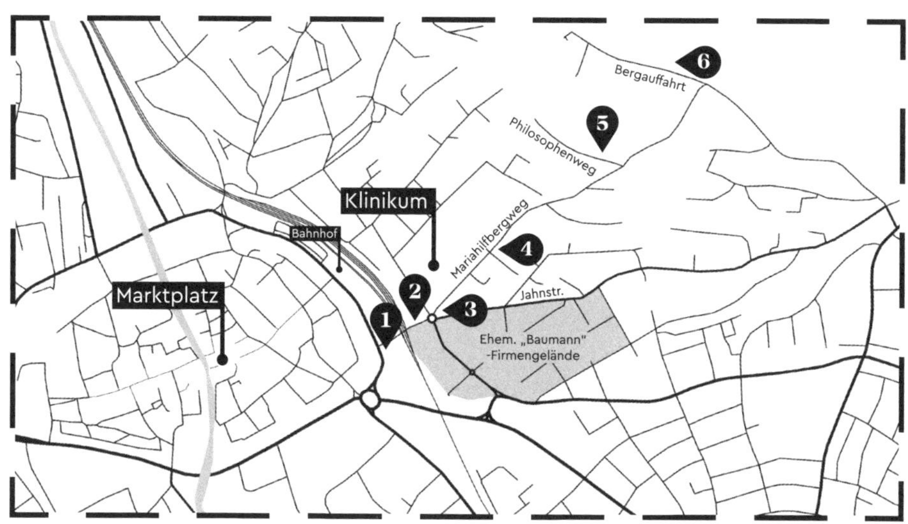

1 „Wintervilla“
Mariahilfbergweg 2

2 „Villa Christian“
Ecke Mariahilfbergweg/ Marienstr. (abgerissen 1970er-Jahre)

3 „Haus Peter I“
Mariahilfbergweg 4 (abgerissen 2014)

4 „Villa Mariahilfberg“
Mariahilfbergweg 32 (abgerissen 1971)

5 „Lindenhof“
Philosophenweg 2a

6 „Sommervilla“
Bergauffahrt 4

BAND-NAMEN

In Amberg gibt es schon immer eine lebendige Musikszene. Nachfolgend eine (nicht vollständige) Liste Amberger Bands:

2Rage
5 Dynamites
AC/DC II
Analkommando
Ah bof
...arrived at ten
Armageddon
Asch'nbecher
Axel-Schwarz-Band
Bader-Sextett
Bag Rats
Beatnikz
Between Friends
Beyond of Dellusion
BlacKNetiC
Black Tigers
Booboo's Soul Shack
Bourbon
Boy Souts
Brain Trust
Brems Tierleben
Brick-Tower-Stompers
BURST
Butterfield Overland
Changes
Charming Prophets
Coltrane Inc.
Collapsed Inside
Cosmic Strut
Cotton Candy
Crash
Dead Zone

Delicious
deluxe
Der Ernst des Lebens
Devil's Dime
Die Diven und der Schmidt
Die Zweites Deutsches Fernsehen Tush
Die Zwillen / Die Vielen / Die Drillen
DISCORDANT
Doddal Danem
Donnerbalken (erste Band von OB Cerny)
Doreen
Drunken Daddy and the Wrongplayers
Electrified Groove Orchestra
Embryectomy
Eonfly
Escape
Excess
Exit 66
False Crown
Fax
Feedback
Fo Latta
Foundation
Frame
Freeway Jam
Freeway Sunset
Freight Charge
Fathermuckers
Fundamental Soul Thunder
Funkadilly Circus
Futterfan & the Handjobbin Hulks
Gentle Scream

Gesoxe
Grand Slam
Groovin' High
Ground Zero
Hardy & Cash
Inchoate
Jazzin' Babies
Johnny Gold & die Silber Sound Band
Kaulbachstraße
Klan
Kreisklasse
Kressos Kabarett
Leaque 66
Lemon Extra
Leroy Liquor and The Shiny Diamond Band
Les Bizarres
Little Talks
Los Dos y Companeros
Lucky Punch
Machine Gun
Madferit
Major Knockout
Mercilless Destiny
Metamorphosis
Michaels Blues Experience
Mindjuice
Montreux
Naughty Dogs
Off Duty
Of Kings & Judges
One Night Stand
Osaka
Painful Toe
Pater Brown
Pflaume & Strings
Power
Projekt Brecze
Psychedelic Sexfunk
Quadrophenia
Que Bobbo
Ramona Fink Gospel Group
Randy Andy & The Patch
Rapplczek
Regionalliga
Rigoletts
Righteous Kill

Rock'n Rolls Royce
Rock'n'Rolls Royce & The Brass Brothers
Connection
Rotten Bones
Royal Jennerian Society
Sacrifice
Scars Remain
Schwammerlbrai
Septicemia
Serial Sedition
Seven Up
Shake Before Opening
Sharks
Silk Torpedo
Snake
Snake Charmer
Snowblind
Sound Society
Spade
Spark Plug
Special Guest
Spitfire Sound Gang
Stimmungsduo Magensonde
Striker
Sudden Fall
Sunny Recorders
Swing and Dixie Locomotion
Tanquoray
Tass!
Terrorbeagle
The 3 Alley Cats
The Fabulous Freak Brothers
The Fantastic Pepper Boyz
The Funky Blues Rabbits
The Raubeins
The Silver Flamingoez
Total Control Band & Show
Trio De Janeiro
Unsilent Storm
Vinegar Flavour
Violet Moon
Volker Ignatz und seine Freunde
Volker und die Folgsamen
Wanted
Werner was sonst
Yer Blues

BERGFEST ABC

ORT
Mariahilfberg

ANLASS
Im Jahre 1634, als Amberg von der Pest heimgesucht wurde, gelobten die Bürger Ambergs zu Ehren Mariens eine Kapelle auf dem Berg, um das Ende der Pest zu erbitten. In einer feierlichen Prozession wurde ein Marienbild auf den Berg getragen. Wenige Monate später endete das Wüten der Pest. Zum Dank gelobten die Bürger, eine alljährliche Wallfahrt auf den Mariahilfberg durchzuführen. Im Lauf der Jahre wurden zur Versorgung der immer zahlreicher werdenden Pilger große Mengen an Bier und Bratwürsten notwendig.

AUSSCHANK
bis 22.00 Uhr

BERGFESTSCHEIN
Großer Bergfestschein: an einem Tag in jedem Bierzelt eine Maß trinken (Obacht!)
Kleiner Bergfestschein: an einem Tag in jedem Bierzelt eine Halbe trinken (auch Obacht geben!)

BEICHTGELEGENHEIT
15 Minuten vor jedem Gottesdienst sowie von 19.00 – 19.30 Uhr

BELUSTIGUNG/FAHRGESCHÄFTE
Keine

BRAUEREI-ZELTE
Bruckmüller, Kummert, Weizen Falk, Brauhaus, Winkler, Schießl, Schloderer, Sterk, Bischofshof (Rgbg.).

BRAUEREI-ZELT-STANDORTE
Der Standort der Brauerei-Zelte wechselt von Jahr zu Jahr nach dem Rotationsprinzip von unten nach oben. (Nur das Schloderer-Zelt ist immer rechts oben im Wald.)

BUS
Bergfestlinie: ab 11.50 Uhr im Halbstundentakt bis 22.40 Uhr (Pause von 15.05 bis 16.20 Uhr)
Haltestellen: Maxplatz, Max-Reger-Gymnasium, Kurfürstenbad, Baumann-Parkdeck und Gregor-Mendel-Gymnasium

DAUER
Eine Woche,
Samstagabend bis Sonntagabend

ESSEN & TRINKEN
Maß Bier, Würschtl, Spitzl, Radi, Maß Bier, Kas, Brezn, Obatzda, Maß Bier, Süßkram, Würschtl mit Kraut, Maß Bier, (Neuerdings auch: Leberkäs, Saure Bratwürste, Steaks, Fisch, Pizza, Burger, Wein, Prosecco, Kaffee)

FUSSWEG
Vom Bahnhof aus Richtung Krankenhaus und Kreuzweg zum Berg (Mariahilfbergweg) oder Richtung Finanzamt über Schimmelbauer und Schwammerl (Ruoffstraße-Kirchensteig-Triftweg)

GOTTESDIENSTE
täglich 6.00, 7.00, 8.30, 10.00, 11.00 Uhr (8.30 Uhr und 10 Uhr jeweils mit Predigt) sowie nachmittags und abends (lt. Gottesdienstordnung)

LICHT AUS
Um 22 Uhr

MITBRINGSEL
Gewitterkerze (schwarz), Marienbild/Heiligenbild, Rosenkranz, Gummischlange, Makronen, Schokokuss, Lebkuchenherzen, Waffelbruch, Rausch

MOTTO
„Wenn gestärkt ist Geist und Herz,
darf der Magen auch was haben."
(aus einer alten Chronik)

MUSIK
Keine

ÖFFNUNGSZEITEN
Für die ankommenden Pilger muss an jedem Tag bereits um 6 Uhr morgens ein Bierzelt und ein Bratwurststand geöffnet sein.

PARKEN
Gebührenpflichtige Parkplätze unterhalb des Festplatzes, Zufahrt über Bergauffahrt

TERMIN
Woche um den 2. Juli: Mariä Heimsuchung

VERGLEICH
BERGFEST-OKTOBERFEST
Jajaja, es ist so eine Sache mit den Vergleichen. Aber wenn man die Besucherzahlen des Bergfestes nimmt, die Erlöse mit dem Verkauf von Getränken und Speisen hochrechnet und auf die Einwohnerzahl umlegt und dann diese Zahlen für die Landeshauptstadt München berechnet, dann kann man mit einiger Berechtigung sagen, dass die wirtschaftliche Bedeutung des Bergfestes für Amberg der des Oktoberfestes für München in etwa entspricht.

WALLFAHRER
Pilger aus der näheren Umgebung zu Fuß in Tagesmärschen, Buswallfahrer aus der gesamten Oberpfalz und aus Franken; traditionelle Soldatenwallfahrt (größte Soldatenwallfahrt Deutschlands)

**Auf den Berg will
ich heut steigen,
wo die heil'gen
Winde geh'n,
wo die Vaterunser
rauschen
und die Bratwurst-
düfte weh'n.**

**Auf den Berg will
ich heut steigen,
wo das Bier im
Schatten fließt
und die fränk'schen
Weiber singen,**

mancher seine Heil'ge küßt.

Lebe wohl, du schlechtes Pflaster.

Auf den Berg will ich nun zieh'n, wo die Glocken festlich läuten und die frommen Bratwürst' glüh'n.

AUS DEM TAGEBUCH VON
→ ZITZELSPERGER, JOSEF

BERGE

GROSSE UND KLEINE ERHEBUNGEN IN DER STADT „AM BERG"

Eisberg
Erzberg
Galgenberg
Henkerbergl
Mariahilfberg
Ölberg
Sebastiansberg

Bethalle

Die „Bethalle" war ein sakraler Raum für die Bergleute des Theresienstollens an der Alten Sulzbacher Straße, wo sich heute der Baumarkt der BayWa befindet. Die später als Kantine und Wohnhaus genutzte Bethalle wurde in den 60er-Jahren abgerissen. Glocke und Kreuz der Bethalle befinden sich seit dem 6. 12.1964 in der Barbarakirche im Ortsteil Luitpoldhöhe.

BIERHALLE

Als das neue Postgebäude in Amberg am Kaiser-Ludwig-Ring entstand, wurde die Gaststätte „Bierhalle" abgerissen. Am ehemaligen Standort – Ecke Kaiser-Ludwig-Ring/Mariahilfbergweg gegenüber der Baumann-„Wintervilla" – befindet sich heute der Parkplatz des Postgebäudes. Die Bierhalle wurde 1883 von der Firma Baumann als Gaststätte „Münchner Bierhalle" für Ihre Arbeiter erworben. Das Bier kam bis 1923 – für die Bierstadt Amberg sehr ungewöhnlich – von der Sulzbacher Brauerei Fentsch. Der Grund: Die Brüder Baumann waren verwandtschaftlich mit der Brauerei Fentsch verbunden.

Die Räumlichkeiten der Bierhalle wurden für Veranstaltungen aller Art genutzt – von Ausstellungen und sportlichen Darbietungen (Kunstrad!) bis zu Parteiversammlungen. Während der Weimarer Republik war sie auch häufig Schauplatz handgreiflicher politischer Auseinandersetzungen. In den 70er-Jahren war das Tanzcafé „Metropol" in der Bierhalle beheimatet.

BIER-KRAWALL

Während des 225-jährigen Jubiläums der Wallfahrt auf den Mariahilfberg entstand am 3. Juli 1859 ein Krawall von Soldaten des 6. Bayerischen Infanterie-Regiments, die dagegen protestierten, dass der Bierpreis um ½ Kreuzer auf 6,5 Kreuzer angehoben wurde. Ein Polizist wurde durch einen Steinwurf verletzt, später lieferten sich ein Landwehrbataillon und die Soldaten einen Kampf mit Bajonetten und kurzen Säbeln.

Am 4. Juli ab 21 Uhr randalierten die Soldaten im Malteser-Brauhaus und anderen Gaststätten. Auch wurden Geschäfte überfallen und vor allem Zigarren geraubt. Die Soldaten stammten übrigens aus dem rheinpfälzischen Bayern.

BRAUEREIEN

Sechs aktive Brauereien:

SEIT 1803
BRUCKMÜLLER

SEIT 1927
KUMMERT

SEIT 1894
STERK

SEIT 1998
SCHLODERER BRÄU

SEIT 1985
SUDHANG HAUSBRAUEREI

SEIT 1900
WINKLER

Ehemalige Brauereien
(im 20. Jh. noch tätig):

1894 – 1994
BRAUEREI SCHIESSL

1693 – 1993
MALTESERBRAUEREI

1891 – 1990
BRAUHAUS AMBERG

1935 – 1985
BRAUEREI WINGERSHOF

1863 – 1985
JORDAN BRÄU

1890 – 1984
WEIZENBRAUEREI
HANS FALK

1888 – 1962
KOCHKELLER-BRÄU

1900 – 1926
BRAUEREI AITERMOSER

1902 – 1923
STURMBRÄU

1850 – 1920
SCHIEFERL BRÄU

BIERSTADT

Amberg ist eine Bierstadt mit über 500-jähriger Tradition. In den 1970er-Jahren galt Amberg mit seinen zehn Braustätten europaweit als Stadt mit den meisten Brauereien im Verhältnis zur Einwohnerzahl. Aktuell existieren immer noch sechs aktive Brauereien. Die Amberger Biere überzeugen nicht nur durch ihre hohe Qualität, sondern auch durch ihre Vielfalt: Weit über 30 verschiedene Sorten sind im Angebot!

*Beim **Amberger Bierfest** auf der Bleichwiese haben Besucher Ende April die Möglichkeit, unterschiedliche Biersorten aller sechs Brauereien kennenzulernen. Beim **Amberger Bergfest** schlagen alle Brauereien Ende Juni/Anfang Juli zur Wallfahrt auf dem großen Parkplatz bei der Maria Hilf Kirche zur Bewirtung ihre Zelte auf.*

→ BERGFEST ABC

BIER-MISCH-GETRÄNKE

GOASSMASS
1 Flasche dunkles Bier, ½ Liter Cola
4 cl Kirschlikör oder Cognac
Bier und Cola in einen Maßkrug füllen, dann den Kirschlikör dazugeben.

*

LAMPERLMASS ODER LATERNMASS
0,5 Liter Wein, 4 cl Kirschlikör
0,5 Liter Zitronenlimonade
Den Wein und die Limonade im Maßkrug mischen. Ein großes Schnapsglas mit Kirschlikör füllen und mit Hilfe eines Esslöffels vorsichtig in den Krug gleiten lassen.

*

BETONMASS
0,5 Liter Bier
beliebige Menge Schnaps nach Wahl
Das Bier in ein Glas füllen und danach den Schnaps (beliebig) hinzugeben. Die Betonmaß wird nicht immer ausgeschenkt: „Betonmaß gibt's nimma. Dou homs uns letztens erst a Fensta ei'druckt." (Amberger Wirtin, nach V.G.)

*

SCHNEEMASS
16 cl Korn, 0,75 Liter Zitronenlimonade
5 Kugeln Vanilleeis
Das Vanilleeis in einen Maßkrug füllen, den Korn und die Hälfte der Limonade dazugeben. Die Zutaten mit dem Schneebesen schaumig rühren, Rest der Limonade dazugießen. VARIANTE: Weniger Schnaps und statt Limonade Sekt.

*

DREEGMASS
Alle Reste, die noch vorhanden sind, werden in die Maß gefüllt (eher beliebt in der Ingolstädter Gegend).

*

FLIEGERMASS
Inhalt egal; darf nicht abgestellt werden, bevor sie leer ist.

MUNDART

BAPPM
Mund, Mundwerk

BOUM
Jungen

BRATZN
große Hände

BRIDSCHLN
mit Wasser spielen

BRIDSCHN
untreue Frau

BROUDA
Bruder

BSCHOI
Brotzeit, Mitgift

BSCHTÖLLN
bestellen

BUUZLKÄI
Kiefernzapfen

BÜLDL
Bild

BIER-PROBE

Neuerdings liest man immer wieder von „Craft-Bieren", einem aus dem Amerikanischen stammenden Begriff, der ursprünglich nichts anderes bedeutet als „handwerklich hergestellte Biere". Diese Voraussetzung erfüllen alle Amberger Biere schon immer. Die immense Geschmacksvielfalt der über 50 Biersorten macht die nachfolgend dokumentierte Bierprobe deutlich.

BRAUEREI BRUCKMÜLLER

BIERSORTE	BESCHREIBUNG/AROMA	ALK.-GEHALT	FARBE	DAS SAGT DER BIERPOET
Bruckmüller Hell	feinwürziges und elegantes Vollbier: seidig-hopfig, frisch und lebendig	5,0 %	strohgelb	„Unser täglich Bier gib uns heute!"
Bruckmüller Kellerbier	ein Bier wie's früher war – naturtrüb und unfiltriert: kräftig und vollmundig, nicht bitter	5,3 %	bernsteinfarben	„Wir trinken uns voll mit Bier. Und wie heute, so soll es auch morgen sein." (Jes 56,12)
Bruckmüller Knappentrunk	die dunkle Spezialität: kräftiger Hopfengeschmack, leichtes Malzaroma	5,3 %	mandarinenfarbig	„Saprament!"
Bruckmüller Pils	Hopfengenuss: schlank und herb im Geschmack	4,7 %	hellgelb	„Schlank, aber mit Kurven an den richtigen Stellen."
Falk Hefeweizen	obergärig und naturtrüb: spritzig, weich und rund	5,3 %	honigfarben	„Noch eins, bitte."
Dunkles Falk	eine untergärige Spezialität ausschließlich mit Gerstenmalz: karamellig und röstaromatisch, würzeartig und kräftig betont, bittersüß und fein	5,3 %	kastanienbraun, gleichmäßig trüb	„Man möchte sich reinlegen."
Bruckmüller Märzen	kräftiges Bier, eine Rarität, die nur noch selten gebraut wird: weicher Antrunk, voller Körper	5,3 %	dunkle „Wiener" Farbe	„Schade, dass man Bier nicht streicheln kann!"

BRAUEREI KUMMERT

BIERSORTE	BESCHREIBUNG/AROMA	ALK.-GEHALT	FARBE	DAS SAGT DER BIERPOET
27er Urtyp	helles Zoigl, naturtrüb und unfiltriert: vollmundig im Haupttrunk, blumiger Hopfengeschmack	4,9 %	goldgelb	„Süffiger Stoff!"
Kummert 33er Pils	feine Hopfenbittere	4,9 %	strohgelb	„Hopfenbesprüht!"
Kummert König-Friedrich-Weiße	Hefeweißbier naturtrüb: hefeblumig und fruchtaromatisch	4,9 %	honigfarben, leichte Trübung	„Dem Friedrich hätt's auch g'schmeckt."
Kummert Hausbier	dunkles Zoigl, naturtrüb: herzhaft und malzaromatisch süß	4,9 %	rotbraun	„Die Oberpfalz im Glas."
Kummert Spezial	kräftiges Vollbier: vollmundig und malzaromatisch	5,7 %	goldbraun	„Welch Gottesgabe ist das Bier, das gute Bier!" Bedřich Smetana, Die verkaufte Braut
Kummert Doppelbock	Starkbier mit hohem Stammwürzegehalt und langer Lagerung	7,9 %	tiefbraun bis schwarz	„Ein starkes Stück Bier!"
Kummert Natur-Radler	naturtrübes Radler aus 50% Bier und 50% Zitronenlimonade: zitronig frisch	2,4 %	pfirsichgelb	„Sommer – heiß – heißer! Trink! Aaah ..."

SUDHANG HAUSBRAUEREI

BIERSORTE	BESCHREIBUNG/AROMA	ALK.-GEHALT	FARBE	DAS SAGT DER BIERPOET
Sudhang Märzen	weicher Antrunk, voller Körper	5,5 %	honigfarben	„Spätsommersonne, die durchs angefärbte Herbstlaub schimmert."
Sudhang Mariahilfberg-Dunkel	malzige Süße, karamellig	5,5 %	kupferfarben	„Oins, zwoa, gsuffa!"
Sudhang Zoigl	süffiges Zoigl: leichte Malznote, dezente Röstaromen	5,1 %	strohgelb	„Das Bier zur Geschlechtervereinigung."

SCHLODERER BRÄU

BIERSORTE	BESCHREIBUNG/AROMA	ALK.-GEHALT	FARBE	DAS SAGT DER BIERPOET
Schloderer Hell	kräftig-hopfig, voll und rund im Abgang	5,2 %	leuchtend goldgelb	„Ein Bier für Freundschaft und Völkerverständigung."
Schloderer Weizen	hefetrübes Weizenbier: im Antrunk zitronig-frisch, zartherbe und erfrischende Hopfenbittere	5,1 %	goldgelb	„Ein wahrer Durstlöscher."
Schloderer Dunkel	fruchtig-hopfig, herber Abgang	5,4 %	bronzefarben	„Ein nahrhaftes Bier."

STERK PRIVATBRAUEREI

BIERSORTE	BESCHREIBUNG/AROMA	ALK.-GEHALT	FARBE	DAS SAGT DER BIERPOET
Raigeringer Edelhell	charaktervolles Helles: fruchtig-würzig, hopfenaromatisch im Abtrunk, wohltuend bekömmlich	4,9 %	goldgelb	„Das Bier für jeden Tag."
Raigeringer Zoigl	ein Bier mit Rückgrat: leicht karamellig, honigsüß, hopfig im Abgang	5,1 %	goldgelb	„Läuft und läuft und ..."
Pandurenblut	kräftiges Hausbier: malzig-würzig, herber Abgang	5,7 %	rotbraun	„Eine klassische Wuchtbrumme."
Raigeringer Pils	sportlicher Biertyp: frische, tragende Bittere, feinhopfig und malziger Körper	5,1 %	goldgelb	„Da gibt's nix zu meckern."
Raigeringer Weiße	fruchtig und feinschäumig, leichte Bittere	5,1 %	bernsteinfarben	„Da wird's nicht langweilig im Mund."
Raigeringer Doppelbock	in Ruhe und Schluck für Schluck genießen: fruchtig und wuchtig, malzige Karamellnoten	7,5 %	kupferfarben	Geheimtipp vom Braumeister: „Bei Erkältungen wirkt ein erwärmter Doppelbock vor dem Schlafengehen wahre Wunder!"
Schwarze Weiße	ein Weißbier mit dunkler Farbe: samtig-weich, feine Hefe- und Karamellnoten	5,1 %	barockdunkel	„Die sanfte Form der Erfrischung."

BRAUEREI WINKLER

BIERSORTE	BESCHREIBUNG/AROMA	ALK.-GEHALT	FARBE	DAS SAGT DER BIERPOET
Alt-Amberger UrHell	klassisch-bayerisches Helles: würzig-frisch, malzige Anklänge	4,8 %	goldgelb	„Ein Geselligkeits-beschleuniger."
1617 Premium Lager	mild und weniger bitter als ein Pils: feinwürzig, herb-hopfiger Abgang	4,5 %	strohgelb	„‚Wo warst Du?' frug das Frauenzimmer; sie dacht', ich käm' gar nimmer. Doch in Gedanken war ich nur bei ihr, und trank das güld'ne Lagerbier."
Amberger feinherbes Pils	klassisches Pils: aromatisch-hopfig, herb und süffig	4,7 %	goldgelb	„Dieses Pils – ich will's!"
Alt-Amberger Hefe-Weizen	obergäriges, naturtrübes Weizenbier in der Flaschengärung: fein-fruchtig und herb	5,2 %	hell kupfer-farben	„Auch für Neu-Amberger bestens geeignet."
Alt-Amberger Doppelbock	süffiges Starkbier für die „fünfte Jahreszeit": malzbetont, leichte Süße, Karamellnoten	7,5 %	bernsteinfar-ben	„Gute Figur, toller Schaum – ein Traum!"
Schießl-Zoigl	unfiltriertes Zoigl-Bier mit „Seele": harmonisch und leicht rauchig im Antrunk, Karamell- und Röstmalznoten	5,3 %	honigfarben	„Der ‚Indian Summer' in der Flasche."
Winkler Natur-Radler	Biermischgetränk mit UrHell und Zitronensaft, ohne Zusatzsstoffe: spritzig-herbes Vergnügen	2,0 %	opalfarben	„Ein sommerliches Vergnügen."

BLESCHN VS BLESCHLN

Das Verb „bleschn“ gehört zu denjenigen der Amberger Sprachtradition mit den meisten Bedeutungen. Man kann darunter verstehen:

BLESCHN
1. stark regnen
2. unmäßig rauchen
(„dea bleschd oine nach da andern eine“)
3. weinen/heulen
4. (unmäßig) trinken
5. knallen (legg, hod des bleschd)
6. prügeln (jmd. eine bleschn)

Als Hauptwort bezeichnet Bleschn auch noch den Wundschorf.

Nicht zu verwechseln mit „bleschln“:

BLESCHL
die Zunge

BLESCHLN
Zungenkuss oder erotische Ausführung eines Kusses

BRUNNEN IN AMBERG
UND IHRE KÜNSTLER
(SOWEIT BEKANNT)

Hochzeitsbrunnen am Marktplatz
von Engelbert Süß

Schweinchenbrunnen am Viehmarkt und Bürgerbrunnen am Eichenforstplatz
von Wilhelm Manfred Raumberger

Heilig-Geist-Brunnen am Bürgerspital
von Hannah Regina Uber und Robert Diem

Zanner-Brunnen am Kurfürstenbad
von Christa Bruder-Schön

Knödelbrunnen am Bgm.-Bartelt-Platz
von Peter Kuschel

Kartoffelbrunnen im Innenhof zwischen Spitalgraben und Hallplatz
von Günter Mauermann

Brunnen am Paradiesplatz
von Johann Haimerl

Brunnen am Maxplatz, am Roßmarkt, am Hindenburgplatz, in der Jesuitenfahrt/ Ecke Paradiesgasse, in der Welserstraße, im Maltesergarten

BRUDER BARNABAS

Der gebürtige Oberpfälzer Valentin Stephan Still (* 15. Februar 1750 in Fischbach bei Nittenau; † 1795) gilt als Erfinder des Starkbieres. Im Alter von 23 Jahren trat er als Bruder Barnabas in das Amberger Kloster des Paulanerordens ein. Dort betätigte er sich wohl recht erfolgreich als Bierbrauer, weswegen er um 1780 nach München ins dortige Paulanerkloster berufen wurde. Um die strengen vorösterlichen Fastengebote einhalten zu können, produzierte er dort ein vorzügliches dunkles Starkbier, dem man den Namen „Salvator" gab. Das Starkbier ist bis heute in der Fastenzeit beliebt und die Figur des Bruder Barnabas zur Eröffnung der Starkbierzeit auf dem Nockherberg nicht mehr wegzudenken.

→ BIERSTADT

BÜRGERMEISTER

SEIT 1945 WAREN / SIND FOLGENDE OBERBÜRGERMEISTER IM AMT

1945 – 1946
CHRISTIAN ENDEMANN
(SPD)

1946
DR. EDUARD KLUG
(BVP)

1946
CHRISTIAN ENDEMANN
(SPD)

1946 – 1952
MICHAEL LOTTER
(CSU)

1952 – 1958
JOSEF FILBIG
(DG)

1958 – 1970
DR. WOLF STEININGER
(CSU)

1970 – 1990
FRANZ PRECHTL
(CSU)

1990 – 2014
WOLFGANG DANDORFER
(CSU)

SEIT 2014
MICHAEL CERNY
(CSU)

Brunzbieslgasse

Die eigentliche und ursprüngliche Brunzbieslgasse ist das Lazarettgässchen (Verbindung zwischen Georgenstraße und Eichenforstplatz), welches sich zugegebenermaßen ideal für derartige Verrichtungen zu eignen scheint. Doch auch der Weg auf der östlichen Vilsseite zwischen Krambrücke und Netzersteg, das Löwenwirtsgässchen, das Hafnergässchen, Unter den Schwibbögen, das Kanzleigässchen, das Proviantamtsgässchen, Teile des Spitalgrabens oder der Batteriegasse rühmen sich dieses Namens.

BRUNZEN, BIESELN
urinieren

BUSPREISE

1910 kostete eine Busfahrt von Amberg
nach Hahnbach 0,85 Mark,
nach Freudenberg 1,00 Mark.

2017 kostet eine Fahrt von Amberg
nach Hahnbach 3,90 €,
nach Freudenberg 3,10 €
(jeweils Einzelfahrt).

FRÜHER WAR DAS ALLES BILLIGER!
STIMMT NICHT!

Eine Mark entspricht heute einer
Kaufkraft von 5,17 Euro.

BÜRGER-INITIATIVEN

RETTET DIE ALLEE

FRAUENINITIATIVE ZUR BESETZUNG EINER CHEFARZTSTELLE (1973)

GEGEN DIE BETONMISCHANLAGE (1974)

Für Einführung der Sozialen Indikation am Krankenhaus (1976)

GEGEN GESTALTUNGSVORSCHRIFTEN AM WALDFRIEDHOF

GEGEN AUSBAU DES NABBURGER TORPLATZES

Gegen Baumsterben an der Lindenallee

FÜR VERKEHRSBERUHIGUNG DER JAHNSTRASSE

FÜR JUGENDZENTRUM

Gegen Auflassung des Dreifaltigkeitsfriedhofes

FÜR ERHALT DES STADTTHEATERS

Gegen Umgehungsstraße AM 30

GEGEN WAA

Freunde des Mariahilfbergs

IG Menschengerechte Stadt

GEGEN DROHNENFLÜGE

AMBERGER BUNT

Amberg hilft Menschen

BRUNZKARTER

Ersatzspieler, der beim Schafkopf einspringt, wenn ein Spieler auf die Toilette muss, damit ohne lästige Unterbrechnung weitergespielt werden kann.

BUCHHÄNDLER UND HUTMACHER
vs.
BIERBRAUER UND APOTHEKER

ANNO 1898 GAB ES IN AMBERG:
3 Apotheker
28 Bierbrauer
3 Hutmacher/Händler
4 Buchhändler

ANNO 2014 GAB ES IN AMBERG:
16 Apotheken
6 Brauereien
2 Hutmacher
4 Buchhandlungen
(inkl. Bahnhof)

BLITZE

Für Amberg und den Landkreis zählt der Siemens Blitz-Informationsdienst (BLIDS) im Zehnjahresmittel 2,67 Wolke-Erde-Blitze je Quadratkilometer und Jahr.

CASINO

Das „Casino-Wirtshaus" oder kurz „Casino" hat mit einem Spielcasino nichts am Hut. Den Namen bekam es von der Amberger Casino-Gesellschaft, einer Vereinigung Amberger Bürger, gegründet als „Civil-Casino" in Anlehnung an das damals nahegelegene Offiziers-casino, die das Gebäude um 1830 erwarb. Ursprünglich befand sich dort das 1455 gegründete Franziskanerkloster, nach Auflösung des Klosterlebens eine Markthalle, ab 1803 im hinteren Saal das Wirtshaus „Zum König von Bayern". Ab den 1920er-Jahren wurde in den vorderen Räumen ein neues Wirtshaus etabliert; die heute noch bestehende Wandtäfelung und die Buntglasfenster stammen ebenfalls aus dieser Zeit. Heute entspricht das Casino „dem Idealbild eines Wirtshauses der Oberpfalz" (Slow Food Genussführer Deutschland 2015) und einem „Urtyp des Wirtshauses" (SZ, 07.11.2014) für die 18- wie die 80-Jährigen.

→ STADTTHEATER

CAGE, NICOLAS

Kein Scherz: Weltstar und Oscar-Preisträger Nicolas Cage besuchte das „Café Zentral" am Amberger Marktplatz am Samstag, 18. Februar 2006, und sorgte dort unter den Gästen und Bedienungen für zwei aufregende Stunden. Ein angenehmer Gast, der sich unter anderem eine Amberger Spezialität (Saure Bratwürste) schmecken ließ, was sogar der Süddeutschen Zeitung eine Schlagzeile wert war.

Hintergrund: Der Hollywoodstar kaufte später die Burg Neidstein oberhalb des Ortes Tabernackel bei Etzelwang. Drei Jahre später allerdings – nach einmaligem Besuch in der Region – verkaufte der Mime die Burg schon wieder, die mittlerweile im Besitz einer Amberger Familie ist.

→ SAUERNE

Charles Amberg (1894–1946)

Hat mit der Stadt Amberg nur den Namen gemeinsam – sonst leider nichts. War einer der bedeutendsten Schlagertexter der Goldenen Zwanziger mit Knallertiteln wie „Wochenend' und Sonnenschein" oder „Mein Bruder macht beim Tonfilm die Geräusche". Heute – zu Unrecht – weithin vergessen.

CHRIST-BAAM-KUGLN

(sölwa daläbd)

neie kugln wollts kaffa
fian christbaam
sans midanand in d stood einegfoan
sie und ihr moo

ins depot
sans gfoan

an haffa zeich hods gem
schüins zeich
owa aa an haffa glumb
heid ihr schoo aa
wos gfalln

saggd sie zum moo:
däi christbaamkugln
waradn schoo schüi,
wos moinst?

no ja,
hod er gsaggt,
wenns öi falln,
sans aa hie

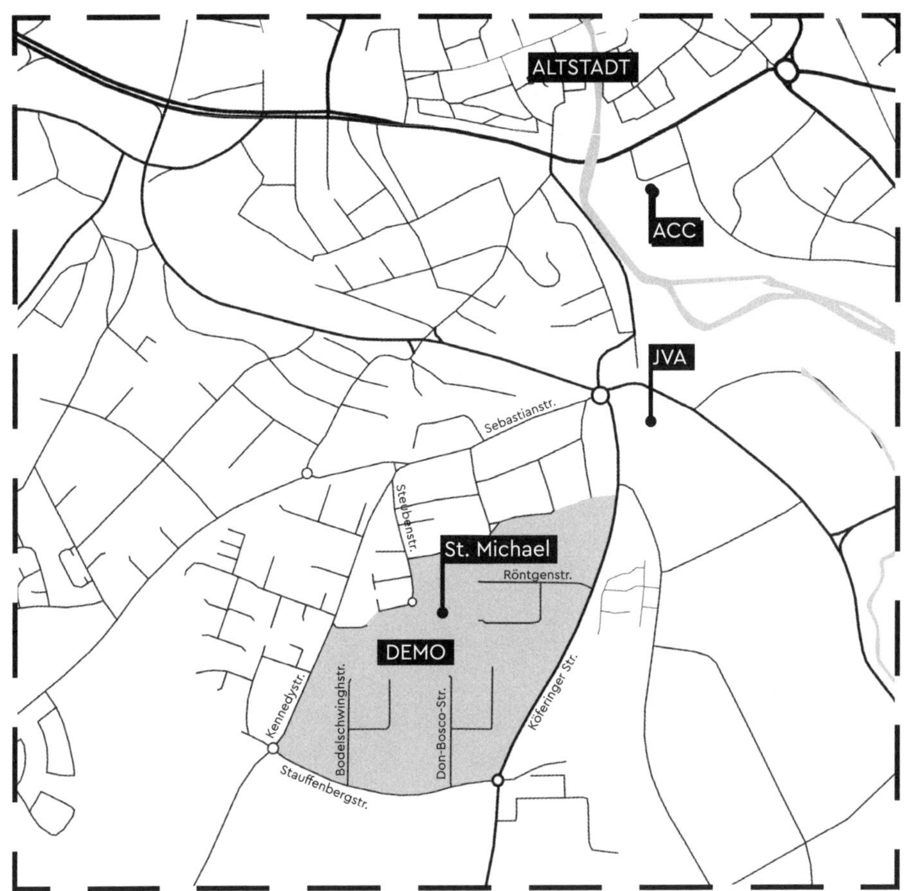

D-PROGRAMM
ODER DEMO

Das D-Programm ist ein geplantes Stadtviertel (eigentlich: Sebastiansviertel) im Amberger Süden, das im Volksmund DEMO genannt wird, abgeleitet von der offiziellen Projektbezeichnung „Demonstrativbauprogramm". Dort entstanden bis 1968 etwa 1000 neue Wohnungen.
Hintergrund: Nach Kriegsende erhöhte sich die Einwohnerzahl durch Zuzug von Flüchtlingen von 32.000 auf 44.000. Deshalb war Wohnraum knapp, und so entstand das Projekt „Demonstrativbauprogramm." Der Spatenstich dazu erfolgte am 30. August 1961. Die Besonderheit der Planung: Man konnte alle Institutionen (Schule, Kindergarten, Kirche, Dienstleister,...) innerhalb des Viertels bequem zu Fuß oder per Fahrrad erreichen, ohne eine Autostraße überqueren zu müssen.

„DOTSCH"

SCHIMPFWORT FÜR GROSS UND KLEIN

Eine Dotschn (weiblich) oder ein Dotsch (männlich) ist eine ungeschickte, plumpe, schwerfällige und dümmliche Person oder auch ein Tollpatsch. Das ungeschickte Kind wird auch gern als „Dotscherl" bezeichnet.

Die Herleitung des Wortes ist wohl eher lautmalerisch zu begründen und kommt von der schwerfälligen Bewegung der Person, deren Schritte auf dem Boden immer „Dotsch-Dotsch-Dotsch", also „Tatsch-Tatsch-Tatsch" machen; man bildet einfach die Platsch-Geräusche des Gehens nach.

MUNDART

DAALA
Teller

DAAM
Tauben

DÄIAD
dumm, närrisch

DANKSCHÄI
Vielen Dank

DAWARA
Taubenzüchter

DRAAMHAPPAD
verträumt

DRAASSN
draußen

D'SCHLEIF EINEHAUA
bremsen

DUASCHT
Durst

DURL
einfältige, dumme Frau

DUSL
Glück

DOCKEN-HANSL

Der „Dockenhansl“ ist ein markanter, runder Turm in der Stadtmauer nordöstlich des Nabburger Tores. Er war ursprünglich ein Gefängnis und trug zwischendurch auch die Namen „Pfaffenhenslein“ und „Turm des Alhart“.
Die heutige Bezeichnung verdankt der Turm dem Hans Christian Aychele, der dank seiner Arbeit als Puppen(„Docken“)-Macher im Volksmund als „Dockenhansl“ bekannt war. Dieser Lebenskünstler war den Stadtoberen ein Dorn im Auge.
Als Hans anno 1585 nackt im Lazaretthaus herumsprang und eine Magd attackierte, nutzten die Räte die Gelegenheit und ließen ihn in den Turm werfen – der seit 1568 seinen Namen trägt.

→ GEFANGENE

DULT

Eine Dult ist ein Jahrmarkt mit Volksfestcharakter. In Amberg ist zweimal im Jahr Dult: die Pfingst-Dult und die Michaeli-Dult im Herbst. Die Amberger Dult besitzt eine lange Tradition: Im Jahre 1364 verlieh Kurfürst Ruprecht I. von der Pfalz seiner Stadt Amberg das Privileg, jährlich drei Messen und Jahrmärkte zu veranstalten. Die festgeschriebenen Termine für die Ausrichtung der Dulten wurden im Laufe der Jahrhunderte mehrfach geändert, wie auch der Platz immer wieder wechselte. Die Schaudult fand zunächst am Salzstadelplatz statt, verlagerte sich allmählich auf den Paradeplatz und schließlich um 1863 zum Ziegeltorplatz. Als dieser 1897 wegen der Errichtung der Eisenbahngüterhalle umgestaltet wurde, verlegte man die Schaudult auf den Platz vor dem Wingershofer Tor und einen Teil auf die nahe gelegene Kochkellerwiese. Nach Errichtung der Flutmulde 1925 zogen die Schausteller auf den alten Dultplatz, den heutigen Standort des Amberger Congress Centrums, das im Zuge der Landesgartenschau 1996 dort gebaut wurde. Die lange Tradition der Amberger Dulten wird auf dem neuen Dult- und Messegelände im Südwesten der Stadt fortgesetzt.

DRITTE

Das Zahn-Atelier Ehrensberger in der Georgenstr. 42 (heute Schuh Wild) war vor gut hundert Jahren für seine künstlichen Zähne und Gebisse aus Gold, Platin und Kautschuk bekannt. Das Ziehen der Zähne sollte dank Lachgasnarkose schmerzlos erfolgen.

Ding Dong

Name einer ehemaligen Tabledance-Bar in der Georgenstraße, in der (laut Hörensagen) Bargeld in „Ding Dong-Dollar" getauscht werden konnte.

DREEG

Die Redewendung „Amberg im Dreeg" hört man immer wieder, wenn Unansehnliches in der Stadt beklagt wird. Allerdings zeugt sie von himmelstrunzender Unkenntnis. Der „Amberger Dreck" ist eine gelbe Farberde, die um Gärmersdorf und Eglsee herum abgebaut wurde. Am Haidweiher wurde der Goldocker („Amberger Gold") noch Anfang des 20. Jahrhunderts abgebaut. Das Amberger Gelb wurde in der (Wand-)Malerei eingesetzt.

DEPP VS. DABBL

DEPP
Blödel, Idiot

DEPPENHAUFEN
Vollidiot (... du bist ma so a Deppenhaufen!)

DEPPERL
geistig etwas zurückgebliebene Person

DABBL
Mensch mit eingeschränkten geistigen Fähigkeiten, Dummkopf

VOLLDEPP
vollkommener Trottel

SEFTL
alberner, nicht ernst zu nehmender Blödmann

KAMPPL
Depp

Eh'Häusl

Das Eh'häusl ist ein zweieinhalb Meter schmales Hotel in Ambergs Altstadt – laut Angaben der betreibenden Stadtbau-Gesellschaft das „kleinste Hotel der Welt“. Weshalb aber eine so platzsparende Vorgehensweise beim Herbergsbau?

Die Geschichte begann so: Noch im Jahr 1728 verlangte der Rat der Stadt von heiratswilligen Paaren den Nachweis von Grundbesitz. Um dieser Vorschrift nachzukommen, nutzte ein findiger Kaufmann eine 2,5 Meter breite Lücke zwischen zwei Häusern in der Seminargasse, zog vorne und hinten je eine Wand hoch, setzte das Dach darauf – fertig war ein Haus, das zum Nachweis eines Grundbesitzes genügte. Man erwarb dieses Haus, heiratete und verkaufte es danach wieder. Im Volksmund wurde dieses Haus deswegen „Eh'häusl“ (Ehe-Haus) genannt, und dieser Gebäudename ist geblieben. Heute ist das Eh'häusl eine für maximal zwei Personen buchbare Luxus-Eremitage, in dem frischverheiratete Paare ihre Hochzeitsnacht verbringen und sich auch normale Urlauber gerne einquartieren.

Wollte man ein Mägdlein frein,
musst man Hausbesitzer sein.
Drum erwarb man dieses Haus,
hernach flog man wieder aus.

EUROPA CAFÉ

Das wohl kleinste Café Europas liegt in Amberg. Auf 9 qm kommt das kleine Lokal, das im Amberger Vilstor beheimatet ist. Zu essen gibt es leider nichts im Café, dafür fehlt der Platz. Deshalb ist es ausdrücklich erwünscht, dass die Gäste ihr Essen selbst mitbringen. Eine Bank, ein Tisch und zwei Stühle - Platz für sechs Personen.

Der Vorteil dabei: Meistens ist das Lokal rappelvoll.

11.11. UM 11 UHR 11

Der 11.11. steht traditionell für den Beginn der Faschingszeit und wird genau elf Minuten nach elf Uhr am Vormittag eingeläutet. Seit 1996 wird in Amberg der Start in die fünfte Jahreszeit regelmäßig mit der Band „Volker und die Folgsamen" zelebriert: 20 Jahre lang im Vis-á-Vis in der Lederergasse und seit 2017 erstmals im „Blaue Haus" in der Unteren Nabburger Straße. Totale Ekstase garantiert!

ERZ

Rund 16 Millionen Tonnen Erz wurden am Erzberg abgebaut. Die Tradition des Bergbaus in Amberg währte rund 1000 Jahre.

Emaille-fabrik *VS.* Email-Fabrik

Auf dem Gelände der ehemaligen „Emaille-Fabrik" der Gebrüder Baumann steht heute ein Gebäude mit dem Namen „Email-Fabrik".

→ BAUMANN

EINWOHNER-STATISTIK

1400:	2.720
1600:	4.280
1648:	3.274
1713:	1.900
1800:	5.763
1840:	11.793
1885:	15.812
1900:	22.039
1939:	31.775
1950:	37.920
1961:	41.493
1970:	41.522
1982:	43.840
1997:	43.168
2005:	44.618
2016:	43.095

ORT	EINWOHNER 1992	EINWOHNER 2014	WACHSTUM (IN %)	ALTER Ø (IN JAHREN)
alle	43.199	42.358	- 2	44
Amberg	35.247	34.616	- 2	45,87
Ammersricht	1.381	1.698	+ 19	42,99
Atzlricht	33	30	- 10	48,66
Bernricht	55	47	- 17	48,19
Eglsee	302	641	+ 53	42,78
Fiederhof	14	17	+ 18	32,65
Fuchsstein	210	183	- 15	46,58
Gailoh	963	1.231	+ 22	40,70
Gärbershof	310	348	+ 11	46,15
Karmensölden	224	248	+ 10	46,01
Kemnathermühle	8	7	- 14	49,29
Krumbach	221	285	+ 23	45,81
Lengenloh	95	73	- 30	45,68
Luitpoldhöhe	623	534	- 17	44,14
Neubernricht	303	274	- 11	47,63
Neumühle	132	78	- 69	50,38
Neuricht	37	33	- 12	41,36
Raigering	1.374	1.465	+ 6	44,69
Schäflohe	228	355	+ 36	40,44
Schweighof	5	6	+ 17	43,33
Speckmannshof	87	189	+ 54	37,38

MUNDART

EADEPFL
Kartoffel

EINA
herein

EINE
hinein

EISCHOBBN
hineinstopfen

ERSCHT
erst

EHE-SCHLIESSUNGEN

2004: 215
2005: 219
2006: 220
2007: 186
2008: 189
2009: 208
2010: 210
2011: 252
2012: 240
2013: 210
2014: 205
2015: 225

ELEKTRISCHER SEGEN IN DER BERGKIRCHE

Jeder Amberger kennt in der Bergkirche den kleinen Glaskasten, unter dem sich ein Kirchlein befindet. Nachdem man eine Münze (20 oder 50 Cent) in den Automaten geworfen hat, ertönt eine Melodie, bewegt ein Engel die Glocke im Turm, in der sich öffnenden Kirchentür erscheint das Jesuskind, erteilt mit einer Handbewegung den Segen und zieht sich wieder hinter das Portal zurück. Wenigen Ambergern dürfte bekannt sein, dass es ein baugleiches Modell gibt, das früher in der Barbarakirche in Luitpoldhöhe, jetzt in St. Georg aufbewahrt wird. In diesem Schaukasten kommt aber Maria mit dem Jesuskind auf dem Arm statt einer Jesus-Figur aus der Tür.

Engelsburg

Als „Engelsburg“ (später auch als „Klösterl“) wird ein historisches Gebäude mit abwechslungsreicher Geschichte am Eichenforstplatz bezeichnet, in dem heute das „Luftmuseum“ untergebracht ist. Ursprünglich als Teil der Hofhaltung der Pfälzer Kurfürsten mit Kapelle und Ratsstube entstanden, wurde es nach dem Bau des neuen Schlosses um 1417 als Ritterlehen ausgegeben. In einer Baubeschreibung von 1627 taucht erstmals der Name „Engelsburg“ auf. Als es 1838 an den Orden der „Armen Schulschwestern unserer lieben Frau“ verkauft wurde, erhielt es den Namen „Klösterl“. Nachdem die Stadt Amberg 1852 das Gebäude kaufte, befand sich darin dann die „Maximilians-Rettungsanstalt“ für arme verlassene oder verwahrloste Kinder (ca. 1853-1936), das „Heimatmuseum Amberg“ (später Stadtmuseum, 1937–1986) und die „Städtische Volksbücherei“ (1950–1966). Von 1991 bis 2012 beherbergte es eine Außenstelle der Archäologischen Staatssammlung München mit dem „Vorgeschichtsmuseum der Oberpfalz Amberg“.

→ LUFTMUSEUM

ESELSBECK

Die Bäckerei „Eselsbeck" gibt es leider nicht mehr, aber das Steinrelief eines Esels aus dem 16. Jahrhundert ist immer noch am Haus am Salzstadelplatz hinter der Amberger Martinskirche zu sehen. Seit 1570 ist das Haus unter dem Namen „Eselsbeck" bekannt, als es Philipp Schmidt von dem Gläsermeister Esenbeck kaufte. Der Familienname des früheren Besitzers wurde in leicht veränderter Form zum Hausnamen „Eselsbeck".

Eine schöne Geschichte, doch der Name „Eselsbeck" könnte auch wie folgt entstanden sein:

Der Eselsbeck

Neue Amberger Sagen (1)

Vor der Reformation hatte der Brauch, eine Weihnachtskrippe aufzustellen, auch in Amberg schon Fuß gefasst. Die Amberger hatten sich sogar etwas ganz Besonderes ausgedacht: Es war eine Krippe aus Backwerk, die in der Martinskirche aufgestellt wurde, alle Figuren wurden von den städtischen Bäckern geliefert. Einer buk den Ochs, ein anderer den Esel, der dritte besorgte Maria und Josef, ein weiterer das Jesuskindlein und so fort. Als nun die pfälzischen Landesherren den Calvinismus einführen wollten, sollten solche „abergläubischen" Praktiken abgestellt werden. Tatsächlich beugten sich die Bäcker aus Angst vor Strafe und Verfolgung. Nur einer leistete Widerstand. Er wollte seinen katholischen Glauben behalten und als sichtbares Zeichen buk er zur Weihnachtszeit weiterhin kleine Brote in Form von Eselchen. Die Regierung versuchte, den Bäcker bloßzustellen. Er wurde als „Eselsbäck" verunglimpft und sein Haus mit einem Esel-Relief „verziert".

Neue Amberger Sagen (2)

Die beiden Bäckersleute am Salzstadelplatz waren in der ganzen Stadt dafür bekannt, dass es in ihrer Ehe regelmäßig rumste und polterte. Weil es bei ihren Zwistigkeiten oft recht laut und rabiat zuging, wurden sie immer wieder beim Magistrat angezeigt. Zur Strafe mussten sie dann auf dem Marktplatz stundenlang auf einem scharfkantigen, weiß angemalten Holzesel sitzen. Das hieß das „Eselreiten" und sorgte für reichlich Spott bei den Ambergern. Allein, es half nichts: Die zwei Streithanseln hörten nicht auf mit ihrem Zwist. Einmal, kurz vor Georgi, als das zänkische Paar unten an der Vils seine Backschüsseln am frühen Morgen auswaschen wollte, geriet es sich wieder einmal in die Haare. Da tauchte im Nebel ein schneeweißer Esel mit feuerrot glühenden Augen aus dem Wasser auf, schwebte über dem Fluss und stieß jämmerliche, markerschütternde „I-a"-Laute aus. Die Bäckersleut' kam große Furcht an, und sie fragten sich, was dies alles zu bedeuten habe, wussten aber keine rechte Antwort. Und als sie so in ihrer Einfältigkeit dastanden und den Esel mit großen Augen anstarrten, rief das Tier plötzlich unter Ächzen und Stöhnen: „I-a, I-a, wos für a greislichs Paar!" und verschwand wieder in den Fluten, wie es gekommen war. Da schämten sich die beiden Eheleute sehr für ihr hässliches Gebaren, ließen ein für alle Mal von ihren Zänkereien ab und lebten fürderhin in Freundschaft und Treue. Zur Erinnerung an den „Retter" ihrer Ehe ließen die beiden ein Eselsrelief an der Hauswand ihres Anwesens anbringen. Seitdem hieß die Bäckerei im Volksmund nurmehr der „Eselsbeck". Der Esel aus der Vils ward nie mehr gesehen. Nur manchmal, um Georgi herum, kann man zwischen Salzstadelplatz und Vils - eventuell - ein ganz leises „I-a" hören.

MUNDART

FAAD
langweilig

FEIA
Feuer

FLÄING
Fliege

FLÄINGFANGA
Fliegenfänger, Taugenichts

FOAN
fahren

FOARA
Fahrer

FRAALE
selbstverständlich

FREGGA
sterben

FREID
Freude

FREILEIN
Fräulein

FREIND
Freund

FASCHINGSGRUSS

AMBERG -OHO!

FRONFESTE

Die ehemalige „Fronfeste“, Teil der historischen Stadtmauer, ist ein Gefängnis aus dem 17. Jahrhundert, das 1966 geschlossen wurde. Nach jahrelangem Leerstand und zwischenzeitlicher Nutzung als Lagerraum eröffnete 2013 darin das „Hotel Fronfeste“ als Erlebnishotel mit dem Slogan „Rast im Knast“.

Nicht nur die Kölner, sondern auch die Amberger haben Ihren „Effzeh" – den FC Amberg, der 2015 als größten Erfolg der Vereinsgeschichte den Aufstieg in die Fußball-Regionalliga Bayern verbuchen konnte.

FESTESTE FÜRSTENSTADT

Die etwa drei Kilometer lange ovale Mauer um das „Amberger Ei“ gehört zu den besonders gut erhaltenen mittelalterlichen Befestigungsanlagen in Deutschland. Sie ist die Erweiterung einer ersten Mauer, die im 13. Jahrhundert das damals deutlich kleinere Amberg umgeben hatte. In seiner Chronik von Amberg aus dem Jahre 1564 spricht Bürgermeister Michael Schwaiger von einer dicken Stadtmauer mit Wehrgang und Schießscharten, mit Zwinger und Zwingermauer, mit 97 Toren, Türmen und Basteien und einem tiefen, weiten Wassergraben.

Schließlich zieht er das Fazit:

„München seyn die schönst,
Leipzig die reichst,
Amberg die festeste Fürstenstadt.“

„FIX! VÄICH!“

Ausspruch eines Ambergers beim Vertreiben einer lästigen Fliege

Fleischmann, Heiner

Heiner Fleischmann (geb. 2. Februar 1914 in Amberg, gest. 25. Dezember 1963 in München) war ein Motorradrennfahrer, der in der Vor- und Nachkriegszeit nationale und internationale Titel errang. Er fuhr vorwiegend auf NSU- und DKW-Maschinen.

Seine wichtigsten Erfolge:
1936: Deutscher Meister in der 350 ccm-Klasse auf NSU
1937: Deutscher Meister in der 350 ccm-Klasse auf NSU
1939: Deutscher Meister in der 350 ccm-Klasse auf NSU
1939: Europameister in der 350 ccm-Klasse auf DKW
(Da es damals keine Weltmeisterschaften gab, ist dieser Titel gleichzusetzen mit dem heutigen Weltmeistertitel.)
1950: Deutscher Meister in der 350 ccm-Klasse auf NSU

1951 zog er sich aus dem Rennsport zurück und war als Hotelier in Amberg tätig. Das ehemalige Hotel Fleischmann in der Wörthstraße 4 ist heute ein Studentenwohnheim.

FLÄCHE STADTGEBIET AMBERG

50,04 KM²

FUNDBÜRO

FUNDSACHEN

GITARRE, SHAMPOO, GEMÄLDE ...
IN AMBERG WIRD VIEL VERLOREN –
UND GEFUNDEN:

Bargeld 222x
Brille 468x
Dokumente 602x
(Ausweis, Führerschein, Bank/ec-Karte)
Fahrrad 987x
Fotoapparat 2x
Geldbeutel 472x
Handy 392x
Kleidung (viele Jacken) 1919x
Schlüssel 1628x
Schmuck 808x
Servietten 1x
Shampoo 1x
Tasche 308x
Regenschirm 200x
Teddy 17x
Hörgerät 10x
Helm 7x
Messer 20x
Digitalkamera 18x
Gitarre 2x
Buch 13x
Gemälde 1x

ZEITRAUM:
2006 bis 2014

FUNDORTE

HIER KANN MAN RUHIG WAS VERLIEREN,
DENN ES GIBT EHRLICHE FINDER:

ACC 11x
Aldi 65x (40x Rammertshofer Weg)
AZ 19x
Ammersrichter Kirwa 10x
Ammerthaler Weg 12x
Apotheke auf der Wart 10x
Marienapotheke 15x
Bahnhof 60x
Bahnhofstraße 50x
Bayreuther Straße 27x
Brauereigaststätte Kummert 44x
Briefkasten Rathaus 53x
Bus 566x
C&A 302x
Café Zentral 25x
Club Magma 823x
Deichmann 110x
Dult 30x
Wöhrl 185x
Klinikum 716x
Hugendubel 45x
Katharinenfriedhof 30x
Kurfürstenbad 8x
Malteserplatz 60x
Mariahilfberg 20x
Marienstraße 41x
Marktplatz 79x
Maxplatz 21x
Öffentliches WC Rathaus 30x
Busbahnhof 245x
Real 430x
Regensburger Straße 45x
Schrannenplatz 25x
Stadtbibliothek 139x

FUNKY-AMBERG

Amberg ist eine P-Funk-Hochburg (P-Funk steht für „Pure & uncut-Funk", eine Mischung aus Rock-, Soul- und Funk-Musik).

Toby Mayerl, Bandleader (Grand Slam) und Inhaber der Konzertagentur TNT Productions, ist überzeugter P-Funk- und Soulmusik-Fan. Er organisiert(e) immer wieder Live-Auftritte bekannter Musikgrößen in Amberg; u.a. gastierten folgende Bands:

GEORGE CLINTON & The P-Funk AllStars
feat. Parliament/Funkadelic
BOOTSY COLLINS & Bootsy's new RubberBand
ROGER/ZAPP feat. Roger Troutman
MITCH RYDER (2x !!)
MOTHER'S FINEST
BUDDY MILES TRIO (ex-Jimi Hendrix)
CEMENT (ex Faith No More)
LARRY GRAHAM & GRAHAM CENTRAL STATION
MOTHERLUV BAND
HOT PANTS ROAD CLUB
GARY MUDBONE COOPER (mit Grand Slam)
ROCKIN' RICK GARDNER (mit Grand Slam)
LIGE CURRY (mit Grand Slam)
THE MANHATTANS

FRIEDHÖFE

Katharinenfriedhof
Dreifaltigkeitsfriedhof
Friedhof Ammersricht
Friedhof Luitpoldhöhe
Waldfriedhof
Israelitischer Friedhof

FRÜHER WAR ALLES BESSER?

WAS IN AMBERG FÜR KULTURELLE EINRICHTUNGEN AUSGEGEBEN WIRD BZW. WURDE (IN €):

	1996	2013
THEATER	385.569	607.352
MUSEUM	210.631	352.838
ARCHIV	178.986	282.453
BIBLIOTHEK	151.161	325.721

FUCHS-STEINER

Der „Fuchssteiner" ist ein markanter Turm an der Westseite des ehemaligen Kurfürstlichen Schlosses, heute Landratsamt Amberg-Sulzbach. Der Turm wurde früher als Gefängnis genutzt und trägt noch heute den Namen seines einstigen Insassen Johann von Fuchsstein. Der war nicht nur Doktor der Rechte und Landadliger, sondern auch Kanzler der oberpfälzischen Regierung. Er geriet mit seinem Herrn aneinander, der ihn 1523 in den Turm sperrte.

→ GEFANGENE

MUNDART

GAACH
jäh, extrem

GAAL
Pferd

GLOIFFL
Grobian

GNAGG
Genick

GNIGGAD
geizig

GOAS
Ziege

GOASGSCHAU
abwesender Gesichtsausdruck

GRANTLER
Nörgler

GRÄIGL
Krug

GRISCHBERL
kleiner, dünner Mensch

GALGEN-BERG

Am Ende der Rezerstraße befindet sich rechts im Wald auf dem „Galgenberg“ die ehemalige Amberger Richtstätte.

→ ARMESÜNDERWEG

GLÜH-BIRNE

Der Oberpfalz ging das elektrische Licht in Amberg auf: Am 16. Dezember 1882 präsentierte L. Feil im Schaufenster seines Seifengeschäfts eine batteriebetriebene Glühbirne. Nicht bestätigt werden kann, dass die Passanten beim Anblick des technischen Wunders vermerkten: „Mou des sa?“

→ STROM

„GEHT IN ORDNUNG – SOWIESO – GENAU“

Ein Roman des Amberger Schriftstellers Eckhard Henscheid über zwei Schwestern, den ANO-Teppichladen und den Heimgang des Alfred Leobold. Eine aberwitzige Kleinstadtgeschichte aus „Seelburg“, das durchaus als Synonym für Amberg gelten darf.

→ HENSCHEID

GARNISONS-STADT

AMBERG WAR JAHRHUNDERTELANG EINE BEDEUTENDE GARNISONSSTADT:

AB 1716 KASERNEN INNERHALB DER STADTMAUER
10. Linien-Infanterie-Regiment, danach Königlich-Bayerisches 10. Infanterie-Regiment, später Königlich Bayerisches 6. Infanterie-Regiment

LEOPOLDKASERNE
Panzerbrigade 12 „Oberpfalz“, ab Mitte 2018 nach Cham verlegt

KAISER-WILHELM-KASERNE
seit 1995 OTH Amberg-Weiden

RITTER-VON-MÖHL-KASERNE
von 1935 bis 1945 Wehrmachtskaserne, von 1952 bis 1992 Stationierung von US-Soldaten in den „Pond Barracks“, seit 1993 ziviles Wohngebiet „Sebastiansviertel“

BUNDESWEHR-DIENSTLEISTUNGSZENTRUM
bleibt über das Jahr 2018 bestehen

BUNDESWEHRKRANKENHAUS
seit 1958, 2007 Betrieb eingestellt, zivile Wohn- und Gewerbenutzung geplant

GELÄNDE DES EHEM. HEERES-NEBENZEUGAMTS DER WEHRMACHT
ab den 1950er-Jahren Aufbau des Stadtteils Bergsteig

BESONDERE

GE FAN GE NE

HANS AYCHELE, GENANNT „DOCKENHANSL"

(geb. Mitte des 16. Jahrhunderts, Puppenmacher – Puppen hießen damals „Docken".) Ausgestattet mit einem kindlichen Gemüt und einer großen Portion Schelmenhaftigkeit. Auslöser für seinen Arrest: 1585 sprang er pudelnackt im Lazaretthaus herum und ohrfeigte eine Magd, die dort beschäftigt war. Daraufhin wurde er für „etlich tag und nacht" in einen Stadtmauerturm in der Nähe des Nabburger Tors gesperrt. Bereits 1586 wurde dieser Turm im Volksmund als „Dockenhansl" bezeichnet.

→ DOCKENHANSL

JOHANN VON FUCHSSTEIN

Ungetreuer Kanzler des Kurfürsten Ludwig V., 1523 ca. ein halbes Jahr im Amberger Schlossturm (heute Landratsamt) eingesperrt, weil er die Ämter Lauf und Hersbruck verschacherte und dadurch der Kurpfalz erheblichen Schaden zufügte. Der Schlossturm trägt heute noch den Namen „Fuchssteiner".

→ FUCHSSTEINER

FRANZ TROGLAUER

(8. Juli 1754 im Markt Mantel; † 6. Mai 1801 in Amberg) war ein Räuberhauptmann und Wilderer in der Oberpfalz und Franken. Anführer einer großen fränkischen Diebes- und Räuberbande. Mehrmals verhaftet und aus der Haft geflohen. Im Dezember 1800 von einem Gerichtsdiener in Freystadt bei Neumarkt verhaftet. Eingesperrt in der Amberger Fronfeste (heute Hotel Fronfeste) im Jahre 1786 und von 1800 bis 1801. Sein letzter Gang führte ihn über den „Armesünderweg" am 6. Mai 1801 auf den Galgenberg in Amberg, wo er hingerichtet wurde.*

→ ARMESÜNDERWEG / GALGENBERG

OSKAR PANIZZA

Der Dichter Oskar Panizza trat 1895 eine einjährige Haftstrafe in der Fronfeste an. Auslöser dafür war seine antikatholische Satire „Das Liebeskonzil", die ihm eine Anklage und Verurteilung wegen Blasphemie einbrachte. In seinem erhaltenen Gefängnistagebuch berichtet er von der miserablen Kost im Gefängnis und seinen Gedanken über Religion und Konfession.

GOTTFRIED HERTZKA

(12. Oktober 1913 in Bad Gastein; † 6. März 1997) war ein österreichischer Arzt und Begründer der sogenannten Hildegard-Medizin. Bei der Vertretung eines Landarztkollegen in der Nähe von Amberg hängte er nach der nächtlichen Lektüre von „Mein Kampf" am nächsten Morgen das Hitler-Bild ab und ersetzte es durch ein Kruzifix. Die Gestapo verhaftete ihn, und er kam in Amberg im Gestapo-Gefängnis Fronfeste in Untersuchungshaft.*

→ FRONFESTE

Geistesbildung

Als E. Henscheid anno 1975 seine Heimatstadt der Intellektualgemeinheit zieh, empörte sich das kommunale Establishment und versuchte, den Autor zu ignorieren, abzukanzeln, zurück- und somit wegzubeleidigen.

Ganz anders reagierten die Amberger Eliten gut 150 Jahre zuvor. Worum ging es? Die Münchner Zeitung „Das Inland" hatte im Frühjahr 1829 einen Zweiteiler über die Geistesbildung in der Oberpfalz gedruckt. Tenor: Der Oberpfälzer nähere sich im Allgemeinen wie das Land selbst dem Norden. Süddeutschland beginne erst unterhalb der Stadt Amberg.

Außerdem habe der Oberpfälzer an sich die „verschlagene List" der Germanen sowie deren „übermäßige Neigung zu Spiel und Trunk" geerbt. Die Gegend könne man als „Bayerns Schottland" sehen, eine terra incognita, die in literarischer Beziehung erst urbar gemacht werden müsse: „Natürlich! Man ist gebildet, so weit Bildung angeboren sein kann."

Der Oberpfälzer liebe besonders monotone, von hohen Klarinetten- und Geigentönen orchestrierte Tänze, bei welchen sich die Paare über den Tanzboden schleifen – und auch ansonsten weise er keine besonders hohe Agilität auf: „Die Behändigkeit der bayerischen Bergbewohner kennt der Oberpfälzer nicht, obwohl er gut gebaut ist."

Grundsätzlich aber sei der Amberger Bürger Bauer, gern auch Nebenerwerbslandwirt bleibend und ansonsten viel Bäuerliches im Herzen behaltend, weswegen „ihm auch die Politesse des eigentlichen Städters abgeht". Immerhin stelle sich das Amberger Theater als tröstliche Erscheinung heraus: „Ist es nicht merkwürdig, daß eine Bevölkerung von 7 bis 8000 so indolent scheinenden Menschen ein ganz ansehnliches Theater unterhält?" So nehme es kein Wunder, dass die Region gar keine Künstler und nur wenige ausgezeichnete „Literatoren" vorweisen könne: „Der Genuß des Augenblickes scheint ihre Bewohner für literarischen Ruhm unempfänglich zu machen."

Alles in allem könne man sagen: „Der Oberpfälzer ist nicht hinlänglich mit unserer Zeit fortgeschritten." Die empörten Verteidiger der Stadt traten den Inland-Artikeln entgegen und mühten sich, gegen die behaupteten Defizite der Oberpfälzer und insbesondere der Amberger zu argumentieren: „Der [Amberger] Bürger besitzt allerdings nicht die raffinierende Politesse anderer Städter, aber er ist im Allgemeinen sehr arbeitsam, bieder und fromm."

Freilich fühlte sich die Stadtgesellschaft darüber hinaus nicht gehindert, den vermeintlichen Verfasser handgreiflich in die Schranken zu weisen.

→ HENSCHEID, ECKHARD

GOLD, JOHNNY

Amberger Musiker (mit bürgerlichem Namen Thiemo Lacher), Messias der Schlagermusik, stand mit Schlagergrößen wie Roberto Blanco, Guildo Horn, Jürgen Drews, Rex Gildo, Costa Cordalis, Michael Holm, Chris Roberts, Drafi Deutscher, Tony Marschall, Cindy & Bert u.v.a. auf der Bühne.

GEOGRAFISCHER MITTELPUNKT

Die exakte Mitte der Stadt liegt zwischen dem Eisbergweg und der Bundesstraße 299 inmitten der Kleingartenanlage am Erzberg und wird markiert von einem alten Grenzstein, auf dem sich eine Tafel mit den genauen Koordinaten befindet. Tagsüber kann man die Kleingartenanlage betreten.

9 Grad, 27 Minuten, 19,2 Sekunden nördlicher Breite und elf Grad, 50 Minuten und 49,2 Sekunden östlicher Länge

GRIECHENLAND

Drei Jahre lang (1832-1835) beschützte ein Expeditionskorps des 1. Bataillons des 10. Infanterie-Regiments aus Amberg den neuen griechischen König Otto. Nach dem Rückzug der Truppen kam es prompt zu einem ersten Aufstand gegen den Herrscher.

GRUPPE AMBERGER KÜNSTLER

Die „Gruppe Amberger Künstler" ist seit ca. 1974 in Amberg als lockere Gruppe mit unterschiedlichen Gastkünstlern aktiv. Die traditionell im Dezember stattfindende Jahresausstellung in der Städtischen Galerie Feuerwache ist fester Bestandteil des Amberger Kulturlebens.

GRÜNDER-PERSÖNLICHKEITEN AMBERGER FIRMEN

GEORG GRAMMER (1931 – 2005)

GRAMMER SITZSYSTEME

Georg Grammer übernahm 1954 die von seinem Großvater Willibald Grammer 1880 gegründete Sattlerei in der Ziegelgasse. Innerhalb weniger Jahrzehnte entwickelte sich das Unternehmen kontinuierlich vom regionalen Hersteller von Sitzkissen zum Global Player in der Automotive- und Nutzfahrzeugindustrie. Heute ist der Konzern weltweiter Partner der Fahrzeugindustrie mit den Unternehmensbereichen Automotive und Seating Systems.

—

EMIL GEORG LUEDECKE (1890 – 1973)

LÜDECKE ARMATUREN

Ursprünglich 1930 in Leipzig als E.G. Lüdecke gegründet. Die Familie Lüdecke flüchtete nach dem Krieg nach Amberg und wagte hier einen Neuanfang mit der heute weltweit verwendeten Klauenkupplung für Druckluft. Schon 1958 konnte durch den großen Exportanteil der Produkte eine erste Fabrik errichtet werden. 1986 wurde die Firma von Erwin Bogner (1933 – 2015) übernommen und von Geschäftsführer Klaus Herdegen als Familienunternehmen weitergeführt. Das Fertigungsprogramm der Lüdecke GmbH umfasst heute etwa 20.000 Produkte, die weltweit in mehr als 120 Länder geliefert werden.

—

DR. GEORG BAUMANN (*1955)

BAUMANN GMBH AUTOMATIONSSYSTEME

1984 gründete Dr.-Ing. Georg Baumann das Ingenieurbüro Baumann für Konstruktionsarbeiten und Sondermaschinenbau. Ab 1991 entwickelte sich die Robotertechnologie mit Automations-Software zur Kernkompetenz des Unternehmens. 2016 wurden die Büro- und Produktionsflächen in Amberg auf 18.000 qm erweitert und 2017 ein neues Logistikzentrum eröffnet. Die schlüsselfertigen Fertigungslösungen von Baumann sorgen weltweit für wirtschaftliche Produktionsprozesse.

OTTO CARL SCHULZ (1880 – 1964)

DEPRAG DEUTSCHE PRÄZISIONSWERKZEUGE AG

Die Geschichte des Familienunternehmens DEPRAG SCHULZ GMBH u. CO. begann bereits 1801 als „Bayerische Gewehrfabrik" und wurde 1931 vom Maschinenbauer Otto Schulz mit der Fertigung von Drucklufthandwerkzeugen fortgeführt. 1964 übernahm Dipl.-Ing. Carl Schulz gemeinsam mit seinem Schwager Hans Pfeiffer die Geschicke der Firma und stellte die Weichen für die internationale Ausrichtung und Expansion. Mit rund 600 Mitarbeitern weltweit bietet das unabhängige Familienunternehmen heute Lösungen im Bereich der Schraubtechnik, Automation, Druckluftmotoren und -werkzeuge.

—

WALTER HERDING (*1940)

HERDING FILTERTECHNIK

Die HERDING GmbH Filtertechnik zur Herstellung von Entstaubungssystemen wurde 1977 von Walter Herding gegründet. Der Erfolg des Unternehmens begann bereits 1980 mit der Erfindung und Patentanmeldung des „Verfahrens der Oberflächenfiltration mit Starrkörperfilterelement". Mit serienmäßiger Produktion von Filterelementen und steigendem Erfolg wurde das Unternehmen international ausgerichtet. Neben dem ursprünglichen Einsatzgebiet der Filter in Bergbau und Steinverarbeitung erstreckt sich das Einsatzgebiet mittlerweile auf neue Märkte wie Lebensmittel, Pharma und Erneuerbare Energien.

—

HELMUT MOEDEL (*1944)

MOEDEL SCHILDERFABRIKATION

1974 gründete Helmut Moedel in der Weißenburger Straße 6 in Amberg eine kleine Schildermanufaktur und investierte in die ersten Maschinen. Das Sortiment wurde ständig erweitert und 1980 wurde der Grundstein für das erste Moedel-Werk im Industriegebiet Nord gelegt. Seither ist das Unternehmen – mittlerweile in zweiter Generation familiengeführt – stabil gewachsen und zählt europaweit zu den führenden Herstellern im Bereich Kennzeichnung, Schilder, Etiketten und Leitsysteme.

—

DR. CARL H. EIBES (1899 – 1967)

KERB KONUS VERBINDUNGSSYSTEME

1946, ein Jahr nach Kriegsende, gründete Dr. Carl H. Eibes die Kerb-Konus-Vertriebs-GmbH mit dem Vertrieb selbstschneidender Gewindebuchsen in Bielefeld. Drei Jahre später wurde die Firma nach Schnaittenbach und 1970 nach Amberg in den Liebengrabenweg verlegt. Das Produktangebot wurde erheblich erweitert, und 1992 entstand im Industriegebiet Nord eine neue Produktionsstätte, in der mittlerweile mehr als 200 Mitarbeiter Platz finden. Die Kerb-Konus-Schraubverbindungen werden beispielsweise in PKWs, LKWs, Haushaltsgeräten oder auch Fotoapparaten und Computern angewendet und machen eine sichere, feste Verschraubung erst möglich.

GASTSTÄTTEN

BUNTE

Blauer Hecht
Grünes Kreuz
Zum schwarzen Bären
Weißes (vorher: Rotes) Rößl
Zum Roten Hahn
Grüner Kranz
Weißer Schwan
Schwarzer Adler

GÄRTEN

Dechantgarten
Fleischmanngarten
Kaindlgarten
Heindlgarten
Hufnagelgarten
Cafe Wintergarten
Lustgarten Alafberg

KELLER

Kölblkeller
Gradlkeller
Oberer Schanderlkeller
Sturmbräukeller
Schieferlkeller
Kochkeller
Kummert Keller
Kartoffelkeller

BESONDERE NAMEN

Katzencafé
Pappdeckel
Münchner Bierhalle
König von Bayern
Paulanerwastl
Türkenwirt
Kuttenwirt

GOLDENE

Goldene Gans
Goldene Krone
Goldener Anker
Goldener Hecht
Goldener Löwe
Goldener Ritter
Goldenes Lamm
Goldener Schwan
Goldene Sonne
Zum Goldenen Stern

UNVERGESSLICHE

Neodrom
Domizil
Engelchen
Schmidtchen
Le Filou
Le Café
Sowieso
Krokodil
Paradies
Götz Gustl
Whisky a GoGo
Kaktus
Santin
Vis-à-Vis
Nachtcafé
Harlekin
Bajazzo
Zebulon
Mike's Bierhaus
Schröders
Inflagranti
Rock-Café
Noodles
Amberger Stub'n
Bayerischer Hof *

GROPIUS GLASWERK

In Amberg steht das letzte Bauwerk von **Bauhaus-Gründer Walter Gropius:** Das Glaswerk Amberg – bis heute einer der ungewöhnlichsten und architektonisch überzeugendsten Industriebauten der Bundesrepublik und eines der jüngsten Baudenkmäler Bayerns. Die Fertigstellung 1970 hat Walter Gropius nicht mehr erlebt, er starb 1969 im Alter von 86 Jahren. Für die spektakuläre Architektur mit der herausragenden Giebelkonstruktion fand der Volksmund schnell einen Namen: **„Glaskathedrale".** In den Anfangszeiten arbeiteten hier bis zu 500 Menschen rund um die Uhr im Schichtbetrieb und stellten mundgeblasene Gläser her. Heute ist das Gebäude im Besitz der österreichischen Firma Riedel, und ein riesiger Schmelzofen produziert vollautomatisch Gläser am Fließband. (Werksverkauf an der Pforte)
→ www.gropius-amberg.de

GLASWERK

GLAUBENS-WECHSEL

Recht sicher verbürgt ist, dass die Amberger im Zeitraum von ca. 1544 bis 1621 ungefähr fünfmal offiziell den Glauben wechseln mussten, weil es dem jeweiligen Landesherrn grad so passte. Und zwar erst vom katholischen Glauben zum lutherischen, dann vom lutherischen zum calvinistischen, anschließend vom calvinistischen zum lutherischen, alsbald vom lutherischen erneut zum calvinistischen, schließlich vom calvinistischen wieder zum katholischen.

Ebenfalls historisch gesichert ist, dass die Bürgerschaft dabei zwischendrin ordentlich Rabatz (z.B. „Amberger Lärmen" 1592-1597) machte, weil sie in religiösen Dingen anderer Meinung als ihr Kurfürst war. → LÄRMEN, AMBERGER

Gar nicht verbrieft ist dagegen, ob der einfache Amberger angesichts des Wirrwarrs von Kirchenordnungen, religiösen Praktiken und theologischen Dogmen mental da noch irgendwie mitkam.

Blusen Bauer
HOSEN ZENTRALE
SPORTFAHRERZENTRUM
WAFFEN CHRISTL

GLÜCK AUF

ist der abgekürzte Gruß der Bergleute. Er wird in der ehemaligen Bergbaustadt Amberg bei festlichen Anlässen teils immer noch verwendet. Die Langversion lautet: „Ich wünsche dir Glück, tu einen neuen Gang auf." Damit wurde einerseits der Wunsch verbunden, einen neuen Erzgang zu erschließen und andererseits nach der Schicht gesund aus dem Bergwerk aufzufahren. Das Bergmanns- oder „Steigerlied" beginnt ebenfalls mit „Glück auf, Glück auf! Der Steiger kommt ..." und wird regelmäßig von der Amberger Knappschaftskapelle intoniert.
Auch in anderen traditionellen Bergbauregionen werden, z.B. bei Fußballspielen des FC Schalke 04 und des FC Erzgebirge Aue, die Zuschauer mit „Glück auf" willkommen geheißen. Gleichzeitig wird das Steigerlied abgespielt.

Glauben

Achtung, eine Durchsage!

Das Bayerische Landesamt für Statistik und Datenverarbeitung gibt folgende Anteile der Konfessionen in Amberg bekannt:

Die Volkszählung am 25. Mai 1987 erbrachte 78,2 % Katholische, 17,5 % Evangelische.

Die Volkszählung am 9. Mai 2011 erbrachte 62 % Katholische, 19,4 % Evangelische.

Goldenes Buch

Die wenigsten Menschen, die sich in das Goldene Buch der Stadt Amberg eintragen, hinterlassen zu ihren Unterschriften einen Sinnspruch oder eine persönliche Bemerkung. Einige Einträge sind freilich bemerkenswert.

O.M. Street, Captain der US-Streitkräfte schrieb mit Datumszusatz: *„April 1945 – Januar 1946: The beginning of a new Era, The Arrival of the Americans.“*

J.H. Mattox wurde etwas persönlicher: *„Amberg, the 900-odd years old, will live on long after Mattox, 31-year-old Military Governor, is gone.“*

Zweimal gaben **Deutsche Fußballmeister** ihre Autogramme ab: 1936 die Mannschaft des 1. FCN, 1973 die Mannschaft des FCB. Im Jahr 1978 folgten die **Tennisspieler des TC am Schanzl**, die gerade ihren ersten Titel geholt hatten.

Natürlich haben sich im aktuellen Goldenen Buch in den 1930er-Jahren etliche **NS-Größen** eingetragen, so z.B. am 11.11.1934 H. Himmler, Reichsführer SS, und Dr. R. Ley am 17.04.1935. Franz Adam verewigte sich mit dem so bemerkenswerten wie aufschlussreichen Satz: *„Erst das Herz – dann der Verstand!“*

Deutsche Politiker finden sich massenweise, u.a. auch **Theodor Heuss** (1958), **Willy Brandt** (1961), **Franz-Josef Strauß** (03.10.1978 – exakt zehn Jahre vor seinem Tod), **Hans Filbinge**r (1979), **Gerhard Stoltenberg** (1983), **Otto von Habsburg** (1994). Dazu die Mitglieder verschiedener bayerischer Kabinette. Zweimal schafften es **Alfons Goppel, Hans Maier** und **Horst Seehofer** ins Goldene Buch. **Edmund Stoiber** hinterließ sogar zweimal längere Einträge (*„Es ist mir eine Ehre, mich in das Goldene Buch dieser schönen Stadt eintragen zu dürfen. Hoffentlich kann die Fachhochschule bald ihren Betrieb aufnehmen“ – 12.07.1993*). Eine der raumgreifendsten Unterschriften hinterließ am 12.07.2010 **Karl-Theodor zu Guttenberg**.
Ebenfalls zweimal – aber dafür in einem Jahr – trug sich 1996 **David Prinosil** ein: einmal als Davis-Cup-Sieger, einmal als Bronzemedaillengewinner. Top-Model-**Barbara Meier** verewigte sich 2007, **Hannelore (Loki) Schmid** besuchte Amberg am 03.06.1977.

GRAND SLAM

AMBERGER BANDLEGENDE UM BANDLEADER TOBY MAYERL, SEIT 33 JAHREN BESTEHEND UND GARANT FÜR SATTEN P-FUNK UND SOUL, GEWÜRZT MIT EINER PRISE ROCK, HIPHOP UND JAZZ.

AKTUELLE CD/LP (2017): „FUNK CRUISIN' - THE NEVER-ENDING VOYAGE"

GPS-KOORDINATEN

BREITENGRAD
49.4502

LÄNGENGRAD
11.848

„G'STELLT WIE AMBERG!"

ist eine Redensart, die besagt, dass man sich in gesicherter Lebenslage befindet und dass einem keine Unbill widerfahren kann. Diese Äußerung bezieht sich auf die im Mittelalter „festeste Fürstenstadt" Amberg, die aufgrund ihrer wehrhaften Stadtbefestigung „gut gestellt" war und deshalb hohen Ruhm und Reichtum genoss. Als „g'stellt wie Amberg" bezeichnet man aber auch im übertragenen Sinn ein vollbusiges Mädchen, das „Holz vor der Hütt'n hat" oder eben auch gut „g'stellt wie Amberg" ist.

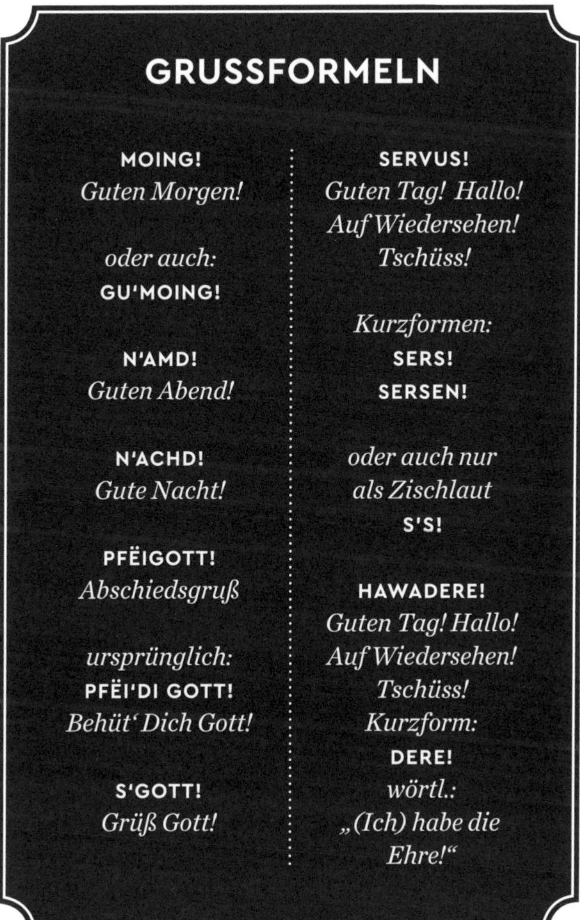

GRUSSFORMELN

MOING!
Guten Morgen!

oder auch:
GU'MOING!

N'AMD!
Guten Abend!

N'ACHD!
Gute Nacht!

PFËIGOTT!
Abschiedsgruß

ursprünglich:
PFËI'DI GOTT!
Behüt' Dich Gott!

S'GOTT!
Grüß Gott!

SERVUS!
Guten Tag! Hallo! Auf Wiedersehen! Tschüss!

Kurzformen:
SERS!
SERSEN!

oder auch nur als Zischlaut
S'S!

HAWADERE!
Guten Tag! Hallo! Auf Wiedersehen! Tschüss!
Kurzform:
DERE!
wörtl.: „(Ich) habe die Ehre!"

GRAFFITI

EINE WILLKÜRLICHE AUSWAHL VON GRAFFITIS IM AMBERGER STADTGEBIET

Die Urheber handeln aus unterschiedlichen Beweggründen:
Durst (sehr beliebt), Eifersucht, Depression, sportliche Vorlieben, unerlaubte Genussmittel, Musik- und Modebegeisterung zeugen von den täglichen Dramen in dieser Stadt.

Schied ei

Waisenhausgasse

SUSI POPPT TYPEN VOM DISCOLAUF

am Eisstadtion außen, östliche Ecke

AUS FRUST!

Vilssteg Schiffgasse

MARIHUANA
AUGUSTINER
FC BAYERN

Stromkasten am Fußgängerüberweg Bahnhof

KUNSTNÄGEL
SIND GEILO

Unterführung MRG-Malteser

SAUFEN

Nähe Malteserplatz

METAL
FOREVER

Unterführung MRG-Malteser

MUNDART

HAALICH
heilig

HÄIAN
hören

HAMMWATS
heimwärts

HEIND
heute

HIASCHD
Herbst

HIHOGGA
hinsetzen

HOUZAD
Hochzeit

HUDLN
in Eile sein, übereilen

HUSCHALA
Ausdruck für „Mir ist kalt"

HUSCHAN
frösteln

Dunkelheit und Schwärze empfangen einen im „Hades", nachdem man seinen Obolus entrichtet und den Eingang passiert hat. Ein krallenartiger Höllenhund baumelt über dem stinkenden Schlund, und ängstlich wirft man sein überflüssiges Hab und Gut in die Tiefe, um nur möglichst schnell diesen Ort der Unterwelt wieder verlassen zu können.

Bei den Google-Rezensionen erhält der „Hades" beachtliche 4,4 von 5 Sternen und wird beispielsweise von Besucher Robert („Nehmen fast alles außer Metall. Bin zufrieden.") mit 4 Sternen bewertet. Ebenfalls 4 Sterne vergibt Nutzerin Doreen, die bezeugt: „Wird man alles los." Tadellos zufrieden sind hingegen die Besucher Maik („Da wird man wirklich alles los, Preis ohne wiegen super.") und Manuel („Hinfahren, Müll abladen, zahlen, fertig. Alles bestens."), die beide unschlagbare 5 von 5 Sternen vergeben.

Geöffnet hat der „Hades", also die Müllumladestation, in der Kokereistraße 10 im Ortsteil Luitpoldhöhe von Montag bis Freitag von 8 bis 12 und von 12.45 bis 16.00 Uhr.

HÖHE

373 M Ü. NN

Heimliche Hauptstadt

Dass Amberg die „heimliche Hauptstadt“ der Oberpfalz ist, erzählt der Einheimische gerne Touristen und anderen Besuchern. Und hat damit gar nicht so unrecht! Denn historisch gesehen war Amberg viel länger oberpfälzische Haupt- oder Residenzstadt als Regensburg, nämlich fast ein halbes Jahrtausend (ca. 1329–1810). Regensburg gehörte dagegen bis 1810 nicht einmal zur Oberpfalz, sondern war lange Zeit eine „Freie Reichsstadt“. Darüber hinaus ist die heutige Bezirkshauptstadt geographisch ganz im Süden der Oberpfalz angesiedelt und damit so manchem Ober- und Niederbayern räumlich näher als etwa den Nordoberpfälzern aus – sagen wir mal – Tirschenreuth. Amberg dagegen liegt recht mittig.

Schließlich die Sprache: In Amberg wird – wie auch weitgehend im Rest des Bezirks - nordbairisch gesprochen, allerdings - im Vergleich zu ländlicheren Regionen in der mittleren und nördlichen Oberpfalz - in einer etwas urbaneren Form. Charakteristisch für das Nordbairische sind u.a. die gestürzten Diphthonge (Doppellaute) wie „ou“ und „äi“ (z.B. „Bou“ und „äitz“ statt mittelbairisch „Bua“ und „iatz“). Derlei sucht man im Regensburgerischen vergeblich, das deutlich zum Mittelbairischen tendiert. Fazit: Historisch, geographisch und sprachlich hat Regensburg mit der eigentlichen Oberpfalz im Grunde nicht viel zu tun und sollte daher möglichst plötzlich den Hauptstadtrang wieder an Amberg abgeben!

HEXEN VER BREN NUNG

◇◇◇◇◇◇◇◇◇◇◇◇◇◇◇◇◇◇◇◇◇◇◇◇

Ein administratives Hickhack um ein paar Gulden enthüllte eine Hexenverbrennung:

Im Jahre 1646 beschwerte sich die Regierung beim Rat der Stadt Amberg, dass die Holzkostenabrechnung für die Verbrennung des „Caspar Hebenstreits" zu hoch war. Im selben Jahr war schon eine Frau, die „Knolbeuerin" oder „Eulenflürglin", verbrannt worden. Auch hier hatte die Stadt das Holz ausgelegt.

HEXENPROZESS

◇◇◇◇◇◇◇◇◇◇◇◇◇◇◇◇◇◇◇◇◇◇◇◇◇◇◇

Ein Beispiel für einen Hexenprozess in Amberg ist der Fall der Ursula Zanner von 1655. Dieser zeigt auch, welch zufälligen Umständen wir oft Nachrichten über vergangene Zeiten und Ereignisse verdanken. Kenntnis über diesen Hexenprozess haben wir nämlich nur deshalb, weil unmittelbar nach der Verbrennung der Ursula Zanner das Pferd des Regierungsrats von Delmuk, der mit der Untersuchung betraut war, einging. Von Delmuk wandte sich nun an den kurfürstlichen Hofrat in München zwecks Erstattung seines Schadens. In diesem Zusammenhang schilderte er auch die Hinrichtung der Ursula Zanner.

Diese war wegen „[...] machung höchst schädlicher gewitter, donner, hagel, wünd, regen, etc. über das gehülz, viech und getraid, so schickhung zauberischer wolff, machung der meis vnd anders, verkhrümbdung vnderschidlicher persohnen, vnd zu schandtenbringung vilr pferdt, oxen, khühe, schaff vnd dergleichen viechs, item nächtlicher ausfahrung uf die hexentänz, traibung der sodomütherey mit dem bösen feindt, verlaugnung vnd yberaus grausamben entehrung vnd getreulichen verspottung gottes, b [eatae] M[ariae] v[irginis] vnd aller heiligen, teuflische vnd erschreckhliche müssbrauchung des hochheiligen sacraments des altars vnd andere gar grausambe vnthatten darvon gantze protocolla von etlich hextern bey churfürstlicher regierung alhier verhanden, den 23.12. negstverschinen, nach vorhero mit einer gluänden zang gegebenen zwickh vf dem scheiterhauffen zu aschen verbrent worden.“

Die kurfürstliche Regierung Amberg betraute daraufhin – dies sei nur der Vollständigkeit halber erwähnt – die Stadt Amberg mit der Obduktion des Pferds. Das Ergebnis der Öffnung des Pferdes zeigte, dass dieses – wie es wörtlich heißt – „lungenfauhl gewesen wär“.

HEXENNACHT

Die „Amberger Hexennacht“ hat mit Hexenprozessen oder -verbrennungen nichts zu tun und findet seit 2002 immer am „Unsinnigen Donnerstag“ – also am „Weiberfasching“– statt und ist die wohl größte Outdoor-Faschingsparty in Bayern. Organisation: Stadtmarketing Amberg e.V.

Hochzeits-brunnen

Vor dem Amberger Rathaus erinnert seit 2000 der sogenannte „Hochzeitsbrunnen“ an das größte und glanzvollste Fest, das jemals in dieser Stadt abgehalten wurde: die Amberger Hochzeit. Anlass dazu war die Vermählung des pfälzischen Kurprinzen Philipp mit Margarete, Tochter des Herzogs Ludwig IX. von Bayern-Landshut, im Jahr 1474. Die Feierlichkeiten, an denen mehr als 2000 edle Gäste – Fürsten, Bischöfe, Pfalzgrafen, Grafen, Herren und Ritter aus allen Teilen des Reiches mit Gefolge – teilnahmen, dauerten fünf Tage.

Der Brunnen umfasst vier Figuren: Das Brautpaar Philipp und Margarete sowie zwei Narren mit Drehleier und Trinkhorn, die das Brautpaar umspielen. Der Sockel ist mit dem Amberger Stadtwappen geschmückt, darauf stehend zeigt Margarete dem Betrachter stolz ihren Hochzeitsring.

Im Sockel ist ein Schalter installiert, der auf Druck Wasser aus dem Trinkhorn eines Narren sprudeln lässt. Entworfen wurde der Brunnen von dem Künstler Engelbert Süß.

HERKUNFT DES NAMENS AMBERG

Die richtige Lösung bitte ankreuzen:

A)
DIE STADT LIEGT AM BERG UND HEISST DESWEGEN SO.

B)
DIE STADT WURDE NACH DEM „AMBERG" BENANNT.

C)
AMMENBERG – „BERG EINES AMMO"

Heuschrecken

Zwischen 1337 und 1340 wurde Amberg von einer Heuschreckenplage heimgesucht.

HIASL VS. DRUDSCHN

HIASL
einfältiger, dummer Kerl

DRUDSCHN
dümmliche, ungeschickte Weibsperson

HOCKERMÜHL-BAD

„Hocko" nennen die Amberger ihr Hockermühl-Freibad. Das ehemalige Militärschwimmbad wurde früher vom Ammerbach und Hockermühlbach gespeist.

DAS HEUTIGE ANGEBOT:

50 Meter-Schwimmerbecken mit abgetrennter „Flossy-Bahn" und Sport-schwimmerbahn; Nichtschwimmer-becken mit Breitrutsche in Regenbogenfarben; Kinderbecken mit kleiner Rutsche; separates Springer-becken mit 1-, 3- und 5-Meter Turm; 47.000 qm großes parkähnliches Grundstück mit Liegewiesen, zwei Beachvolleyball-feldern, Basketball-körben, Fußballfeld, Kinderspielplatz; Kiosk; ital. Restaurant.

HOCKO

ein schattiger stellplatz was für ein gedicht
glüh weiter asphalt es drängt mich zur gischt
die öffnende schranke nur noch ein gedanke
schnell weiter gleich werd' ich erfrischt
ERLÖS' MICH

der meister des bades in strahlendem weiß
blickt kühl vom geländer bei mir tropft der schweiß
auch stärkere damen belegen die bahnen
und treten das wasser mit fleiß
JETZT KOMM ICH

türkise verheißung ich muss nicht nach sylt
längst ist die lagune mit nixen gefüllt
zartblasse modelle samtglänzende helle
ein flirrender anblick der killt
GLEICH SPRING ICH

wild wirbelnde wellen von schwimmenden leibern
die kraulend und schnaufend sich unbändig steigern
am springerturm jugend zeigt sportliche tugend
viel tattoo blinkt ölig auf weibern
INS WASSER

weit hinten halbwüchsig höchst sportliche raucher
fast englischer garten nie mehr an den flaucher
ganz vorne am becken auf sonnigen treppen
da schmoren und dösen die taucher
ICH SCHWITZ' SCHON

pass auf auf die wurst und die pommes rot-weiß
die damen dort dampfen das nussöl wird heiß
ein jüngling mit häschen macht anbaggernd späßchen
prämiert mit 'nem nassfeuchten preis
ERQUICK' MICH

die kümmernden mütter postier'n sich
erzeuger von bälgern gruppier'n sich
den ersten schritt wagen meine sinne versagen
und jetzt endlich schwimm ich
IM HOCKO

HITZE-REKORD

Lange Jahre galt Gärmersdorf bei Amberg als heißestes Pflaster Deutschlands. Schließlich wurde dort am 27. Juli 1983 der damalige Temperaturhöchstwert von 40,2 Grad gemessen. 32 Jahre durfte man sich im Glanz des Hitzerekords sonnen, bis man 2015 von den offensichtlich noch glühenderen Franken (ausgerechnet!) aus Kitzingen (40,3 Grad!) getoppt wurde. Strenggenommen gehört Gärmersdorf freilich zum Landkreis Amberg-Sulzbach, aber auch im kreisfreien Amberg hat es – laut Zeugenaussagen – an besagtem Tag eine „Mordsdrumhitze" gegeben.

HUNDESTEUER

Zum 1. Januar 2014 waren in Amberg 1.231 Hunde gemeldet. Bei der Stadt Amberg beträgt die Hundesteuer für jeden Hund 50,00 Euro im Kalenderjahr. Ausnahmen gelten nur für Jagdhunde, Hunde für Zuchtzwecke sowie für Hunde, die in Einöden oder Weilern gehalten werden. (Einnahmen 2014: 60.725 €)

HENKERS-EID

...

Dort heißt es unter anderem, dass er Stillschweigen darüber zu bewahren hat, was er bei den Gefangenen hört, und dass er die Stadt nicht ohne Zustimmung des Bürgermeisters verlassen darf. Später wurde hinzugefügt, dass der Henker nicht in die Weinhäuser der Stadt kommen oder dort gar „Rumor" treiben oder spielen darf. Sein Grundgehalt bestand aus zehn Groschen und freier Wohnung. Daneben wurde jede „Amtshandlung" besonders entlohnt. So erhielt er beispielsweise für das Augenausbrechen und Ohrenabschneiden vier Groschen pro Person.

...

GESCHWOREN HABEN:

1462 Heinz Kempf
1467 Caspar von Hagenau
1469 Hanns von Sunsheim
1469 Konrat Prenner aus dem Ries
1484 Hanns Seitz von Wien
1485 Hanns Stainle von Oberkunstadt
1489 Hanns Ludwig von Weißenburg am Rhein
1490 Hanns Kempf

HÖLDERLIN, FRIEDRICH

Der Dichter Friedrich Hölderlin (1770–1843) reiste im Oktober 1802 von Ulm zum Reichstag nach Regensburg. Seine Rückreise führte ihn vermutlich über Amberg und Nürnberg. In seinem Gedicht „Das nächste Beste“ (1803) finden wir die Erwähnung Ambergs:

…

Vom Oberland biegt sich das Gebirg,
wo auf hoher Wiese
die Wälder sind wohl an
Der bairischen Ebne. Nemlich Gebirg
Geht weit und streket,
hinter Amberg sich und
Fränkischen Hügeln. Berühmt ist dieses.
Umsonst nicht hat
Seitwärts gebogen
Einer von Bergen der Jugend
Das Gebirg, und gerichtet das Gebirg
Heimatlich. Wildniß nemlich
sind ihm die Alpen und
Das Gebirg, das theilet die Tale
und die Länge lang

…

HOCHWASSER

Die Stadt Amberg wird durch ihre Lage an der Vils immer wieder von Überschwemmungen heimgesucht. Es werden dabei drei Hochwasserszenarien betrachtet:

HÄUFIGES HOCHWASSER (alle 5 bis 20 Jahre)
100-JÄHRIGES HOCHWASSER (statistisch einmal in 100 Jahren)
EXTREMHOCHWASSER (deutlich seltener)

PEGELNULLPUNKTHÖHE: 371,21 m ÜNN
Meldestufe 1: 120 cm / Meldestufe 2: 150 cm / Meldestufe 3: 180 cm / Meldestufe 4: 210 cm

HISTORISCHE HOCHWASSER

400 cm

360 cm, 1784
331 cm, 1970
300 cm, 1909
300 cm, 1682
294 cm, 1995
290 cm, 1954
272 cm, 2003
269 cm, 1993
260 cm, 1982
248 cm, 1988
240 cm, 1968
234 cm, 2013
230 cm, 2011
230 cm, 1956
220 cm, 1595
219 cm, 1998

VILS

360 cm, 1784
Schlimmstes überliefertes Hochwasser: Wasser zwischen Herrnstraße und Roßmarkt/Schrannenplatz: Halb Amberg steht unter Wasser, ein Junge stirbt, zwei Brücken werden zerstört, die Stadt ist von den Fluten geteilt.

220 cm
Wasser bis zur Sakristei der Martinskirche oder bis knapp unter die Schiffbrücke

H. E. ERWIN WALTHER

*(ausgeschrieben Heinrich Ernst Erwin Walther, * 1. April 1920 in Amberg, † 1. Januar 1995 in Amberg)*

war ein Avantgardist und als Komponist ein „bunter Vogel", der von der Spätromantik über impressionistische und expressionistische Exkursionen zu Zwölfton- und zu audiovisueller Musik, vom Kunstlied zum Chanson, zum Kabarett und zum Kinderlied, von Musiken zu Werkfilmen bis zum großen Fernsehfilm, von der bayerischen Folkloristik zur scheinbaren Chaotik ein weites musikalisches Feld bearbeitete.

Eines seiner wichtigsten Arbeitsgebiete war die sogenannte „optische Musik". Zwischen 1966 und 1976 entstanden rund 300 „Audiogramme". Darunter versteht man graphische Notationen ebenso wie Collagen aus bunten Folien und „reine" gezeichnete Graphiken, die musikalisch mehrdeutig interpretierbar sind.

Darüber hinaus war er Musikpädagoge am Amberger Gregor-Mendel-Gymnasium. Sein Nachlass befindet sich als Dauerleihgabe im Stadtarchiv Amberg.

Hochschulstadt

Die Ostbayerische Technische Hochschule Amberg-Weiden wurde 1994 gegründet und bietet an beiden Standorten mit modernster Ausstattung 27 Bachelor- und Master-Studiengänge. Die ca. 3500 Studenten werden von 84 Professoren betreut. (Stand 8/2017)

BACHELOR-STUDIENGÄNGE

Angewandte Informatik
Betriebswirtschaft
Elektro- und Informationstechnik
Erneuerbare Energien
Handels- und Dienstleistungsmanagement
Industrie-4.0-Informatik
Internationales Technologiemanagement
Kunststofftechnik
Maschinenbau
Medieninformatik
Medienproduktion und Medientechnik
Medizintechnik
Patentingenieurwesen
Umwelttechnik
Wirtschaftsingenieurwesen

MASTER-STUDIENGÄNGE

Applied Research in Engineering Sciences
Digital Business
Human Resource Management
Innovationsfokussierter Maschinenbau
Interkulturelles Unternehmens- & Technologiemanagement
IT und Automation
Marketing Management
Medientechnik und Medienproduktion
Medizintechnik
Umwelttechnologie
Wirtschaft und Recht

Hundert-jähriger Sud

Angebliches Geheimrezept in einem Amberger Traditionslokal: Der Essig-Sud für die dort angebotenen Sauren Bratwürste wird nie ganz verbraucht und mit dem letzten Rest wieder neu angesetzt.

HENSCHEID, ECKHARD

Schriftsteller und Satiriker, Mitglied der sogenannten „Neuen Frankfurter Schule"

Eckhard Henscheid, am 14.9.1941 (Obacht: Palindrom!) in Amberg geboren, und nicht, wie gelegentlich behauptet, in Mimbach-Mausdorf. Bereits in jungen Jahren Messdiener und Sportskamerad, auch Pianist. Literarische Vorliebe zunächst für Pucki, Nesthäkchen und Purzelwind. Später Svevo, Dostojewski u.ä. – selbstverständlich auch Goethe. Erste eigene Gehversuche literarischer Art: Lokaljournalistisches.

Ab 1973 Romane und später sämtliche weiteren klassischen Literaturgattungen (Gesamtwerk ca. 30 Bände). Durchwegs hervorragende Leistungen in der „Neuen Frankfurter Schule". Mitbegründer des Satire-Fachorgans „Titanic". Vielfältige literarische und journalistische Tätigkeit, u.a. die Bestseller-Romantrilogie „Trilogie des laufenden Schwachsinns" sowie Zeit-Kolumnen, Musikessays, Glossen, Märchen, Satiren, Essays, Lyrik, Nonsens-Dichtung, Polemiken. Würstelfreund und Wandervogel mit Präferenz für das Amberg-Freudenberger und Sulzbacher Land. Bürgerliche Ehe seit 1981. Liebhaber des Belcanto, Beleidiger des Böllsohns sowie des Andenkens von Luise Rinser. Freund des Fußballs: vor allem des FC Amberg, des 1. FC Nürnberg und der Frankfurter Eintracht. Mitglied der Nürnberger Fußballakademie.

Seit 2014 auch Namensgeber für die Kneipe „Henscheid" in der Mainkurstr. 27 im Frankfurter Stadtteil Bornheim. Im Angebot: „Junge Frankfurter Küche, Satire und Schnaps" (geöffnet tägl. ab 18 Uhr).

Neuerdings auch abiturrelevant: Bei der Interpretation der Henscheidschen „Dankrede zur Verleihung des Jean-Paul-Preises", die es in „deutsch.kompetent - Trainingsheft schriftliches Abitur" (Klett-Verlag) für bayerische Schüler zu erschließen gilt, hätte der Autor allerdings – angesichts des komplexen Textes – nach eigener Aussage als Abiturient „bestenfalls mit Note 4" abgeschlossen (Gedächtnisprotokoll, Eiscafé Santin bzw. Campo am 4.9.2017).

—

Heute wohnhaft vorwiegend in Amberg und Raigering.

INTER

Der SV Inter Bergsteig Amberg ist ein Sportverein im Amberger Südwesten, der 1967 von Pater Karl Küting gegründet wurde, um verschiedenste Nationalitäten im damaligen sozialen Brennpunkt-Viertel „Am Bergsteig" zusammenzubringen. In den 70er- und 80er-Jahren ein gefürchteter Gegner auf – und manchmal auch neben – dem Platz, hat sich der Verein mit gutem Fußball längst in höherklassigen Ligen etabliert und bietet neben Fußball u.a. die Sparten Ringen und Damengymnastik an. Ob der Verein Inter Mailand bei der Namensgebung Pate stand, ist nicht bekannt.

INFANTERIE-REGIMENT

Das 6. Königlich Bayerische Infanterie-Regiment war ein Verband der 12. Infanterie-Brigade der Bayerischen Armee mit Friedensstandort Amberg und nahm unter anderem am Deutsch-Französischen Krieg 1870/71 und am Ersten Weltkrieg 1914 – 1918 teil. Zahlreiche Amberger Straßennamen gehen auf dieses Infanterie-Regiment zurück:

SECHSERSTRASSE
benannt nach dem 6. Infanterie-Regiment

WEISSENBURGER STRASSE
Beteiligung an der Schlacht bei Weißenburg im Deutsch-Französischen Krieg 1870

WÖRTHSTRASSE
Beteiligung an der Schlacht bei Wörth im Deutsch-Französischen Krieg 1870

MIHIELSTRASSE
Verweis auf die Stadt Mihiel (F), die das 6. Infanterieregiment 1914 besetzte

FLEURYSTRASSE
Beteiligung am Sturm auf Fleury (F) bei Verdun am 04.08.1916

VIMYSTRASSE
Beteiligung an Kämpfen um und bei Vimy (F) am 9.4.1917

BALANSTRASSE
Beteiligung beim Sturm auf Balan (F) bei Sedan am 1.9.1870

LOTHRINGER PLATZ
Beteiligung an der Lothringer Schlacht vom 28.8.1914

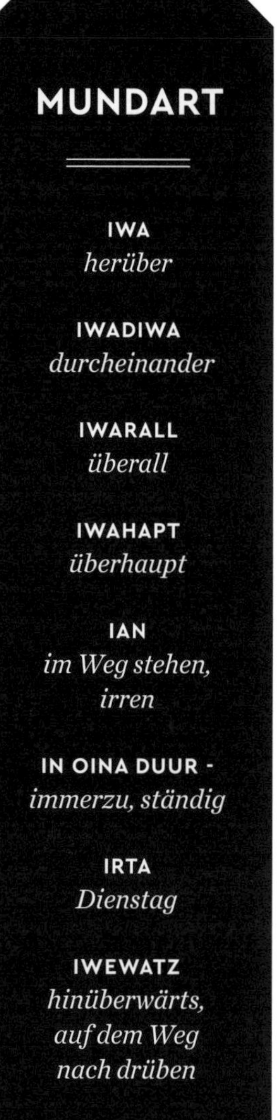

MUNDART

IWA
herüber

IWADIWA
durcheinander

IWARALL
überall

IWAHAPT
überhaupt

IAN
im Weg stehen, irren

IN OINA DUUR -
immerzu, ständig

IRTA
Dienstag

IWEWATZ
hinüberwärts, auf dem Weg nach drüben

I.D.OPF.

Offizielle Schreibweise zur besseren Verortung: Amberg i.d.OPf. bedeutet Amberg in der Oberpfalz.

„I BIMS"

Vom Langenscheidt-Verlag zum „Jugendwort des Jahres" 2017 gekürt. „I bims" ist eine beliebte Wendung aus der sogenannten „vong"-Sprache.

→ NACHDENKLICHE SPRÜCHE MIT BILDERN

JVA

Die Amberger Justizvollzugsanstalt wurde 1786 auf Anregung des kurfürstlichen Kanzlers Felix Adam von Löwenthal auf einem Landgut errichtet und 1786 als „Arbeits- und Zuchthaus" in Betrieb genommen. Mittlerweile erstreckt sich das Areal der JVA auf 15 Hektar. Im Gefängnis gibt es Einzelzellen, Wohngruppen zur Resozialisierung, eine sozialtherapeutische Abteilung für Sexualstraftäter, Untersuchungshaft und ein Krankenhaus. Darüber hinaus bieten mehrere Handwerksbetriebe wie Schneiderei, Schreinerei, KFZ-Werkstatt oder Landwirtschaft eine Ausbildungsmöglichkeit für die Insassen. Mit zusätzlichen Bildungsangeboten wird die Wiederaufnahme in die Gesellschaft nach der Entlassung gefördert. Derzeitige Belegungsfähigkeit: 519 Haftplätze.

IN DER METZGEREI

KUNDE:
„Ich hätt' gern an Ring Hausmacher Stadtwurst."

VERKÄUFERIN:
„Deafas aa zwoa sei?"

(Nach K.H.)

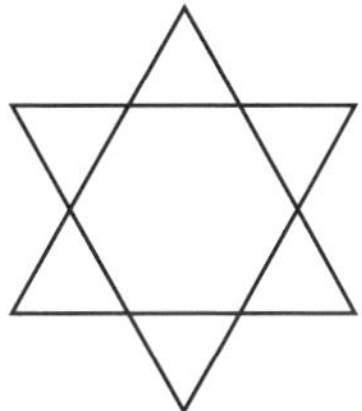

Jüdisches Viertel und jüdische Gemeinde

Im 14. Jahrhundert befand sich das jüdische Viertel in der Umgebung der heutigen Frauenkirche am Frauenplatz. 1391 wurden die Juden auf Anweisung des Pfalzgrafen Ruprecht II. aus Amberg vertrieben, und die Synagoge wurde abgerissen. An ihrer Stelle wurde, wie auch in vielen anderen Städten, eine Marienkirche errichtet, die später als kurfürstliche „Hofkapelle" in Gebrauch war und heute den Namen „Frauenkirche" trägt. 1894 gründete sich (wieder) eine jüdische Gemeinde in Amberg. 1896 wurde die Synagoge errichtet. Am 09.11.1933 wurde die Amberger Synagoge durch uniformierte SA-Männer und NS-Blockwarte zerstört und geplündert. Die Amberger Juden wurden in Schutzhaft genommen, die Männer schickte man bis auf zwei ins KZ nach Dachau. Heute zählt die jüdische Gemeinde rund 130 Mitglieder (Stand 2013).

JUGEND-HERBERGE

Bis 2003 gab es in Amberg eine deutschland-, ja vermutlich sogar weltweit einzigartige Jugendherberge über einem Fluss! Der 1936 über der Vils errichtete Wassertorbau in der Fronfestgasse diente während der NS-Zeit der örtlichen Hitlerjugend als Heim, bevor er nach 1945 zunächst Flüchtlingsunterkunft und dann Jugendherberge wurde.

Den Anforderungen an moderne Jugendherbergen konnte der Bau in puncto Größe, Raumaufteilung und Technik nicht mehr gerecht werden, und so verkaufte die Stadt ihn anno 2005. Das Brückenhaus wird seitdem privat genutzt. Eine Jugendherberge gibt es nicht mehr in der Stadt. Die Amberger Stadtratsfraktionen suchen nach einem neuen möglichen Standort.

KIRWA

Die Kirchweih oder „Kirwa" ist ein Fest, in dem Religion und Brauchtum vereint werden. Traditionell wird die Kirwa immer an einem verlängerten Wochenende von Freitag bis Montag gefeiert. Ursprünglicher Anlass war dafür die Weihe der Kirche und/oder der Namenstag des jeweiligen Kirchenpatrons. Die „Raigeringer" (mit berüchtigtem Kirwabär) und die „Ammersrichter" Kirwa sind die bekanntesten im Stadtgebiet.

HINTERGRUND

1866 wurde es der Obrigkeit mit den vielen und teils exzessiven Dorfkirchweihfesten zu viel, weshalb sie für ganz Bayern einheitlich – für den dritten Oktobersonntag – die „Allerweltskirchweih" festsetzte. Die Oberbayern hielten sich brav daran, während sich die Oberpfälzer ihre Dorfkirwan nicht nehmen ließen und bis heute zum angestammten Termin feiern. Die „Allerweltskirchweih" wird freilich trotzdem nicht vergessen!

MUNDART

KAAS
Käse

KAASAD
blass

KAMPL
Kamm, Dummkopf

KANABE
Sofa

KATZAGRIBBL
Katzenvieh

KICH
Küche

KIRWA
Kirchweih

KLOI
klein

KOADDARA
Kartenspieler

KODARA
Kater

KOINE
keine

KUMMA
kommen

Katholikentag

Am 31. August 1884 wurde der 31. Katholikentag in Amberg eröffnet, der 2223 Teilnehmer in die damals knapp 12 000 Einwohner zählende Stadt lockte.

Ausschlaggebend für die Wahl Ambergs: Nach dem Düsseldorfer Katholikentag 1883 wollte man die nächste Veranstaltung im Süden Deutschlands abhalten. Die in Frage kommenden Städte Kaiserslautern (zu wenig Altäre, kein großer Saal), Passau und Regensburg (unsichere politische Verhältnisse) lehnten ab. Schließlich schlug der Amberger Stadtpfarrer Helmberger seine Heimatstadt Amberg (ca. 60 Altäre in den Amberger Kirchen, Marienwallfahrt) vor, und das Veranstaltungskomitee nahm dankend an.

VERANSTALTUNGSORTE
Maltesergebäude mit Kongregationssaal, Georgskirche, erweiterte Turnhalle der Lehrerbildungsanstalt

THEMENSCHWERPUNKTE
1. Mission, 2. Caritas, 3. Soziales, 4. Kunst, 5. Wissenschaft, 6. Presse, 7. Schule. Besonderen Rang hatte die soziale Frage.

HÖHEPUNKT
Gemeinsame Prozession mit ca. 12.000 Teilnehmern auf den Mariahilfberg. Anschließend Bier und Bratwürste. Letztere waren den Gästen aus Nord- und Westdeutschland unbekannt, ihre „Präparierung“ wurde als interessant empfunden. Noch beim nächsten Katholikentag in Münster wurde bedauert, keinen solch’ schönen Ort wie unter den Linden am Mariahilfberg bieten zu können.

KFZ-KENNZEICHEN

KINOS

ANKER-LICHTSPIELE (REGIERUNGSSTR. 9)
(vorm. Tonbild-Theater, Erotikprogramm)
eröffnet 1909, geschlossen 1987, heute Taverna Syrtaki

CENTRAL-THEATER (GEORGENSTR. 54)
eröffnet 1909, geschlossen 1986, danach Club Habana

CINEPLEX (REGENSBURGER STR. 1)
eröffnet 2015

LICHTSPIELHAUS (HERRNSTRASSE 2)
eröffnet 1918, geschlossen 1977, heute Pöllinger Trachten

PARK-THEATER (FRANZISKANERGASSE 5)
eröffnet 1938, geschlossen 2015, heute L'Osteria

RING-THEATER (SPITALGRABEN 2)
eröffnet 1953, geschlossen 2015

SCALA-FILMTHEATER (BÄUMLSTR. 8 – 10)
eröffnet 1954, geschlossen Ende 70er-Jahre, danach Neodrom, heute Western-Saloon Go West

Das erste Amberger Kino, das „Central-Theater", wurde am 10. April 1909 in der Georgenstr. A 57 in den Räumen des Gasthofes „Zum Hechten" eröffnet.

→ RINGELNATZ

KEPPNER, JULIAN

übergab am 22. April 1945 unter Einsatz seines Lebens die Stadt kampflos an die einrückenden Amerikaner. Seinem Einsatz – und dem seiner Mitstreiter Wolfgang Babl senior und junior, Josef Kerschensteiner, Fritz Schiller, Erich Zeitler und Ferdinand Diepold – ist es zu verdanken, dass Amberg nicht das gleiche Schicksal wie die Nachbarstadt Neumarkt erlitt, die fast völlig zerstört wurde, weil sie den amerikanischen Truppen Widerstand leistete. Der Gruppe gelang es, an der Dreifaltigkeitskirche eine weiße Fahne zu hissen und so die Beschießung der Stadt zu verhindern.

KFZ

Übersicht über den Kfz-Bestand in der Stadt Amberg

1946: 1.290
1956: 4.434
1966: 9.337
1976: 16.874
1986: 23.663
1996: 28.446
2006: 27.815
2014: 30.108

KURFÜRSTENBAD

Das Amberger Hallenbad „Kurfürstenbad" (oder auch kurz „KuFü" genannt) feierte 2015 sein 25-jähriges Bestehen. Seit der Eröffnung im April 1990 kamen knapp neun Millionen Badegäste.

Die sehenswerte Dachkonstruktion des Kurfürstenbades wird von zwei gegeneinander versetzten Hängedachschalen mit einem Netzwerk aus Brettschichtholzrippen gebildet. Von der Dachterrasse der Saunalandschaft hat man einen besonderen Blick auf die Amberger Altstadt.

Baujahr: 1989, Architekt: G. Wörrlein, Nürnberg
(Erweiterung Saunabereich: Heinrich Benker, Amberg)
Auszeichnung: Glulam Award 1994

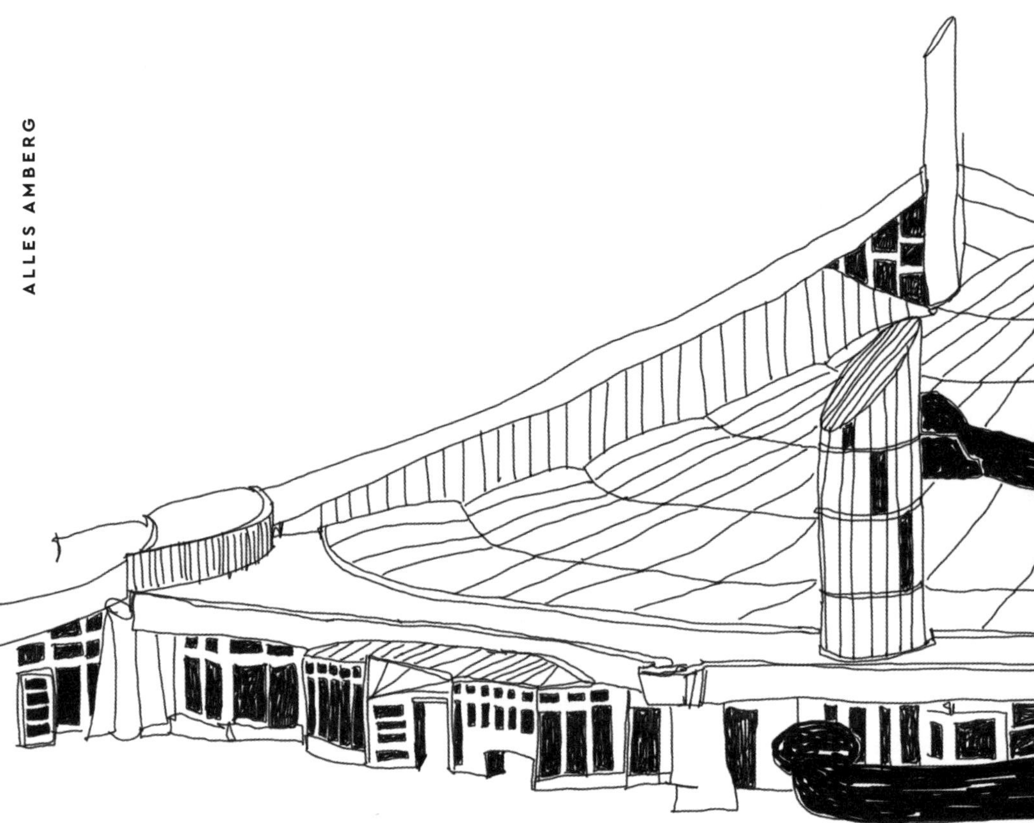

ERLEBNIS- UND FREIZEITBAD
einzigartiges UV-durchlässiges Dach
großzügiger Sauna- und Wellnessbereich
Wassergrotten, Niagara-Wasserfall, Wildwasserkanal
84 m lange Riesenrutsche mit Lichteffekten und „Black-Hole"
Sprudler, Schwanenhälse, Massageliegen
Erlebnis- und Warmwasserbecken mit Massagedüsen
Dampfbad, Hot-Whirl-Pools
Kurfürstenbad-Restaurant
eigene, kostenlose Tiefgarage

SAUNA- UND WELLNESSBEREICH
drei finnische Saunen und eine Eventsauna
Kräutersauna und Tepidarium
Aromabad und Sole-Inhalationsbad
Infrarot-Wärme-Kabine
Laconium und Vitalisarium
Wasserwelt mit Tauchbecken und Eiscrasher
Sauna-Bistrobereich

HÄUFIGSTE DURCHSAGE
„Der Wildwasserkanal im Außenbereich
wird eingeschaltet!"

Kirchen und Klöster

Kirchen katholisch
Martinskirche
Georgskirche
Dreifaltigkeitskirche
Spitalkirche
Katharinenfriedhofskirche
Frauenkirche
Mariahilfbergkirche
Sebastianskirche
Kirche Maria Schnee, Atzlricht
St. Michael, D-Programm
St. Konrad, Ammersricht
Hl. Familie, Bergsteig
St. Barbara, Luitpoldhöhe
Schulkirche
St. Josef, Raigering
Kirchen evangelisch
Paulanerkirche
Erlöserkirche
Andreas-Hügel-Haus
Auferstehungskirche
Klöster
Franziskanerkloster (Mariahilfberg)
Ehem. Jesuitenkolleg
Ehem. Salesianerinnenkloster
Ehem. Franziskanerkloster
Ehem. Paulanerkloster

Weitere Religionsgemeinschaften

Adventisten
DITIB – Türkisch Islamische Gemeinde
Freie Christliche Gemeinde
Israelitische Kultusgemeinde
Neuapostolische Kirche
Russisch-orthodoxe Gemeinde
Zeugen Jehovas

KRAFTWERK

Fritz Hilpert, geboren am 31. Mai 1956 in Amberg, ist Mitglied der deutschen Band Kraftwerk. Er besuchte bis 1976 das musische Max-Reger-Gymnasium in Amberg und lernte dort Trompete und Schlagzeug. Seine Eltern betrieben in den 70er-Jahren u.a. die Gaststätte des Amberger Hallenbades und die Gaststätte Alafberg. Musikstücke von Kraftwerk beeinflussten zahlreiche Musikstile wie Synth-Pop, Electro-Funk, Detroit Techno und übten ebenfalls entscheidenden Einfluss auf die Anfänge des Hip-Hop aus. Die „New York Times" bezeichnete Kraftwerk 1997 als die „Beatles der elektronischen Tanzmusik". Sie erhielten 2018 den GRAMMY für das beste Dance-/Electronic-Album des Jahres.

KREISVERKEHR

Einige Kreisverkehre in Amberg sind den Partnerstädten gewidmet und entsprechend gestaltet:

„GRIECHISCHER" KREISVERKEHR
Hockermühlstraße/Köferinger Straße, an der JVA
„ITALIENISCHER" KREISVERKEHR
Marienstraße/Jahnstraße, am Klinikum
„FRANZÖSISCHER" KREISVERKEHR
Beethovenstraße/Fleurystraße, bei OTV
„FINNISCHER" KREISVERKEHR
Leopoldstraße/Barbarastraße, an der Leopoldkaserne

WEITERE KREISVERKEHRE:
GROSSER KREISVERKEHR („RING")
am Nabburger Torplatz
KLEINER KREISVERKEHR Marienstr./Emailfabrikstr.
KREISVERKEHR Köferinger Str./Stauffenbergstr.
KREISVERKEHR Kennedystr./Stauffenbergstr.
KREISVERKEHR Leopoldstr./Am Bergsteig

Knödel, Amberger

Im Jahre 1703 wurde Amberg während des Spanischen Erbfolgekrieges von Österreichern belagert. Der Heerführer der Österreicher General Graf Herbeville forderte die Amberger zur Übergabe der Stadt auf, was diese unter ihrem Anführer Graf San Bonifazio kategorisch ablehnten. So quartierten sich die Österreicher in Kümmersbruck ein und begannen am 3. November mit der Beschießung der Stadt. Am 6. November wurde der Martinsturm in Brand geschossen und bis Mitte November lag der südliche Teil der Stadt fast in Schutt und Asche. Am 20. November hatte sich Graf Herbeville im Kloster des Mariahilfbergs zum Mittagessen zurückgezogen, als ein Schützenmeister vom Dockenhansel aus das Kloster anvisierte. Er zielte gut, denn mit lautem Getöse soll die Kugel der Kanone wie ein frischer Knödel direkt in der Suppenschüssel des Grafen gelandet sein. Diese Kanonenkugel, genannt der „Amberger Knödel“, kann man heute noch über der Eingangstür in der Fassade der Mariahilfbergkirche bestaunen.

Die tapfere Verteidigung nützte jedoch nichts, denn die Österreicher konnten am Ende die Stadt einnehmen, und die Amberger mussten sich ergeben.

Kurfürstliches Schloss

Die Schlossanlage an der Vils wurde zu Beginn des 15. Jahrhunderts durch Kurfürst Ludwig III. von der Pfalz erweitert und erhielt damit die Bedeutung einer Residenz. Von der einst dreiflügeligen Anlage ist heute nur noch der Südflügel, das „Neue Schloss", erhalten.

Die „Stadtbrille" – ein markanter Übergang über die Vils – verbindet Schloss und ehemaliges Zeughaus. Heute ist in dem gesamten Ensemble das Landratsamt Amberg-Sulzbach untergebracht.

KULTUR-PREIS

Der Kulturpreis der Stadt Amberg wird an herausragende Persönlichkeiten aus den Bereichen Kunst, Wissenschaft und Brauchtumspflege verliehen und ist mit 2.500 Euro dotiert. Voraussetzung: Geburt oder Wohnsitz in Amberg bzw. der Oberpfalz oder für die Stadt Amberg bedeutsame und wesentliche Wirkung der auszuzeichnenden Leistung.

PREISTRÄGER

1984 Günter Dollhopf
1986 Ernst Heisel
1990 H. E. Erwin Walther
1994 Joachim Kubeng
2000 Kammerorchester
2001 Wilhelm Manfred Raumberger
2005 Eckhard Henscheid
2011 Michael Mathias Prechtl (posthum)
2014 Winfried Steinl
2017 Wilhelm Koch

KRAMBRÜCKE

Auf der Krambrücke befanden sich früher Kramerläden, die Töpfe, Pfannen, Bestecke und vieles mehr verkauften. 1920 wurde die Brücke durch einen Neubau ersetzt, und die Läden auf der Brücke mussten weichen.

LÄRMEN, AMBERGER

Beim „Amberger Lärmen" zogen über 1.000 aufgebrachte Bürger – es heißt sogar mit einer Kanone – vor das Schloss, brachen die Brücke ab und versperrten die Stadttore. Die churpfälzische Regierung floh. Ursache: Kurfürst Friedrich IV. wollte den überzeugten Amberger Protestanten den Calvinismus aufzwingen. Dieser Aufstand ging als „Amberger Lärmen" in die Geschichte ein.

⟶ GLAUBENSWECHSEL

LEHRPFADE

1. DEUTSCHER TAI CHI & QI GONG-PFAD
Meditationsweg auf dem Mariahilfberg

WASSERWANDERWEG
auf dem Mariahilfberg, vom Lindenbrünnerl zum alten Pumpwerk

BODENERLEBNISPFAD AMBERG
auf dem Mariahilfberg

LANDESKUNDLICHER RUNDWANDERWEG
am Ammerbach

AOK-NORDIC-WALKING PARCOURS
am Ammerbach

GESCHICHTSWEG DER STADT AMBERG
im Stadtgraben zwischen Nabburger Tor und Stadtbrille

SKULPTURENWEG
zwischen Stadtbrille und LGS-Gelände

LANDES-GARTENSCHAU

Die „Landesgartenschau Amberg" fand vom 26. April bis 6. Oktober 1996 statt und erschloss das Gelände südlich der Altstadt an der Vils komplett neu. Die ehemalige Kläranlage wurde verlegt, und so entstand ein beliebtes Naherholungsgebiet mit Fuß- und Radwegen in parkähnlicher Landschaft. Seitdem gibt es in der naturnahen Aue z.B. den Piratenspielplatz, das Jugendzentrum „Klärwerk", den Vesuna-Turm, neue Vilsbrücken, einen Kinderspielplatz, eine renaturierte Vils mit Plättenfahrten, eine Kneippanlage und den neuen Dultplatz.

WANN: 26.4. – 6.10.1996 (164 TAGE)
Motto: Leben am Fluss
Maskottchen: „Ampfi"
Werbeslogans: LGS Amberg 96 „Ist cool man" und „Haut voll rein"
Besucher: ca. 1 Mio.
Investitionsmaßnahmen: 28 Mio. DM

GASTRONOMIE
243 Mitarbeiter, 5.000 Teller, 12.000 Bestecke,
11.000 Aschenbecher, 8.000 Gläser, 1,4 Mio Servietten
Lieblingsgericht: Schweinebraten mit Knödel
Sitzplätze: 1.000 in Zelten, 900 Freiplätze

BEGRÜNUNGSBILANZ
1.049 Bäume, 14.359 Sträucher, 67.791 Blumenzwiebeln im eingezäunten Bereich,
110.000 Frühjahrsblumen, 95.000 Sommerblumen

LANDSCHAFTSGÄRTNERISCHE ARBEITEN
Größe des Geländes: 33 ha
Beete: 4.190 qm
Wegelänge im Ausstellungsgelände: 7,9 km
Entsiegelte Flächen: 10.000 qm
Erdmenge, die bei der Vilsverlegung bewegt wurde: 50.000 cbm
Arbeitsstunden: 6.000 von Floristen und Gärtnern
Planung: Werner Röth, Landschaftsarchitekt, Amberg
und Hans-Jürgen Ziegler, Architekt, Amberg

→ VESUNA-TURM

LEPROSEN-HAUS

Das ehemalige „Leprosenhaus für Frauen“ (Leprosen = Aussätzige) beim Katharinenfriedhof war ein Haus für Bedürftige, wurde früher zur Isolation von Leprakranken benutzt. Nach dem Verkauf an einen Privatmann begann 2017 die Renovierung für die zukünftige Nutzung als Wohnhaus mit Appartements.

INSCHRIFT AM EINGANG:
„Hilf den Armen aus der Not
Denn sie erschuf der höchste Gott
Christus will dein Lohner sein.“

◇◇

LICHT

Seit dem Jahr 1861 wurden die Straßen, Haushalte und Betriebe mit Gas beleuchtet. Bis 1914 hatte man 414 Gaslaternen aufgestellt. Dann setzte sich der elektrische Strom durch.

→ GLÜHBIRNE

MUNDART

LAA
leer

LAKKL
großer, grober Mann

LÄDSCHAT
weich, schlaff

LÄDSCHN
dummes, beleidigtes Gesicht

LEEM
Leben

LIEZN
seltsame Angewohnheiten

LUAN
spähen

LUUSA
Ohren

LUUSN
horchen

LICHTSIGNAL-ANLAGEN

Im Stadtgebiet gibt es aktuell 46 Knotenpunkte mit Lichtsignalen. Davon sind 37 an den zentralen Verkehrsrechner angebunden, vier laufen mit Festzeitprogrammen nach einem festen Wochenplan und fünf mit Anforderungen (Taster, Induktionsschleifen oder Infraroterkennung).

LÄNGSTES GEBÄUDE

AM WESTLICHEN ENDE DER HISTORISCHEN ALTSTADT BEFINDET SICH DAS MALTESER-GEBÄUDE, MIT 166 METERN DAS LÄNGSTE BAUWERK AMBERGS.

LINDENBRÜNNERL

Das Lindenbrünnerl an der Ecke Von-der-Sitt-Str./ Jahnstraße ist die älteste Wasserversorgungseinrichtung der Stadt. Von hier aus wurden früher Holzrohre zum kurfürstlichen Schloss verlegt, um die Herrschaften mit klarem Wasser zu versorgen. Bis zum Jahre 1908 stand an der Ecke Jahnstraße/ Baumannstraße ein „Gasthof zum Lindenbrünnerl".

LUPPA, DR.

Dr. Dr. h.c. Dietrich Luppa († 2003) gründete 1964 die „Gemeinschaft zur Förderung sozialmedizinischer Stiftungen", um damit Krankheit und Armut in der sog. 3. Welt zu bekämpfen. Den Verein unter dem Namen „Projekthilfe Dr. Luppa", der ausschließlich von ehrenamtlichen Mitgliedern getragen wird, leitet mittlerweile Dr. Ulrich Siebenbürger als Vorsitzender.

Lieben-grabenweg

Neue Amberger Sagen (3)

Einst lebten im Süden der Stadt Amberg, Richtung Köfering raus, zwei überaus anmutige Schwestern, die so klein und zierlich waren, dass man sie – obschon um die 20 Jahre – allerorten die beiden „Krabben" nannte. Da die Zeiten auch damals nicht immer leicht waren, erwiesen die beiden Mädchen, um ihr täglich Brot zu sichern, so manchem Burschen, der des Weges kam, einen bestimmten Dienst. Alsbald sprach man deshalb in der Stadt nur mehr von den beiden „Liebes-Krabben". Dem Amberger Vilsgeist aber gefiel dies Treiben gar nicht, so dass er eines Nachts kam und die beiden Schönen einfach mitnahm. Sie wurden nie mehr gesehen.

Ein geistig eher schlichter Amberger brachte damals diesen Umstand so auf den Punkt: „Lieben Krabben weg!" Seitdem hieß die Straße, in der die Schwestern gewohnt hatten, im Volksmund „Liebenkrabbenweg". Durch sprachliche Fehlleistung und menschliche Unkenntnis ist daraus heute der „Liebengrabenweg" geworden.

LUFTKUNSTORT
Amberg

In Amberg weht ein anderer Wind. Amberg ist ***LUFTKUNSTORT****. Die Idee und das Konzept für einen Luftkunstort hatte der Amberger Künstler Wilhelm Koch, der 2009 Amberg offiziell als Luftkunstort – manifestiert durch ein modifiziertes Ortsschild vor dem Luftmuseum – proklamierte. Das Potenzial dieses Alleinstellungsmerkmals erkannte auch der Stadtmarketing Amberg e.V. Er ließ die Bezeichnung als Wortmarke schützen und animiert die Amberger Bürger und Gruppen, dem Luftkunstort Leben einzuhauchen und daran aktiv mitzubauen, denn:*

„Luftkurorte gibt es viele, einen Luftkunstort nur einmal."

*Das Luftmuseum
zeigt in einer festen Ausstellung den „Festo-airparc" mit der Luftdusche, dem fliegenden Teppich, der Orgelsäule, dem Luft-Globus, dem* ***Pneu-Thron****, dem 16-Ventiler, dem Luft-Alphabet, dem Plus/Minus-Behälter, der Bar, dem Pneu-Haufen, der Aeolsharfe, dem Fifty-Fifty-Würfel, dem Luftbrunnen, der Einkaufstütenorgel, dem Herbstwind, der Druckluftuhr, dem Pneu-Wagen, der Rohrpost und der Luftbrücke sowie viele weitere Objekte.*

LUFTMUSEUM

Das Luftmuseum Amberg wurde Anfang 2006 in Eigeninitiative vom Künstler Wilhelm Koch gegründet und wird durch Vereinsbeiträge, Eintrittsgelder, Spenden und ehrenamtliche Helfer finanziert. Die Stadt Amberg stellt das Gebäude mietfrei zur Verfügung. Träger ist der Verein Luftmuseum e.V. Das Museum ist im historischen „Klösterl"-Gebäude am Eichenforstplatz mit dem passenden Hausnamen → „ENGELSBURG" (1316 erbaut) untergebracht und bietet in drei Stockwerken auf 650 qm Ausstellungsfläche einzigartige Schauräume rund um das Thema Luft.

Im Luftmuseum kann man Luft anschauen, hören, fühlen, begreifen und wahrnehmen.

Neben Wechselausstellungen über Design, Architektur, Kunst, Technik und Alltagskunst gibt es Vorträge, Lesungen, Führungen und Konzerte. Im „Fliegenden Klassenzimmer" des Luftmuseums entwickeln die „Luftlehrerinnen" spielerisch, kreativ und facettenreich Themen für Kinder und Jugendliche rund um das Thema LUFT. Jedes Jahr findet außerdem Ende Mai/Anfang Juni das „Luftboottreffen" statt: Dabei treffen sich Freunde und Freundinnen des aufgeblasenen Schwimmgerätes an der Kräuterwiese in Amberg und paddeln in Booten – möglichst langsam und begleitet von Musik aus Luftinstrumenten – die Vils hinunter zum Luftmuseum. Im Anschluss daran findet das Luftmuseumsfest statt.

LIEDER-TISCH

Welches Selbstverständnis die alten Ratsherren in der Frühen Neuzeit beseelte, lässt sich am besten an diesem „Amberger Liedertisch“ ablesen. Dieser ist eher ein historisches Dokument und ein Kunstwerk als ein Gebrauchsgegenstand – obgleich sich an ihm die Ratsmitglieder zu ihren Besprechungen versammelten.

1591 nahmen diese erstmals an der steingeätzten Tafel im mittleren („inneren") Rathaussaal Platz. An deren äußerstem Rand findet sich ein lutherischer Gesang, der den Segen Gottes auf den Rat herabbeschwört. Darauf folgen zum Zentrum hin Stundengebete, welche die christliche Lehre darlegen, eine Erzählung des Lebens Jesu sowie die Familienwappen der Bürgermeister, Urteiler, Syndici, Stadtschreiber und Mitglieder des Inneren Rats.

Römische Götter, die den Wochentagen zugeordnet sind, sowie Medaillons mit den Tierkreiszeichen umkreisen einen immerwährenden Kalender. Diese beiden Motivringe bilden die kosmische Ordnung ab, und im Mittelpunkt dieser von Gott gut eingerichteten Welt steht: die Stadt Amberg, versinnbildlicht durch ihr Wappen.

Der Liedertisch ist im Amberger Stadtmuseum zu bewundern. Die Lieder kann der Besucher über Lautsprecher anhören.

LOS DOS

Die 12-Mann-Band „Los Dos y Compañeros" mixt seit 1996 sehr erfolgreich lateinamerikanische Musik mit Texten im Oberpfälzer Dialekt. TV-Auftritte u.a. bei Inas Nacht, in der BR Abendschau und live von der Nordseeküste bis an den Genfer See.

MUNDART

LATTA
lauter (solche)

LIESL
großer traditioneller Bierkrug mit zwei Litern Fassungsvermögen

LECK'FETT
Ausdruck des Erstaunens, Überraschung

LEICH
Beerdigung

LEWAKAAS
Leberkäse

LUMBASEGGL
Hallodri

LUNGAHAARING
schleimiger Auswurf

LÖWE

Der Löwe im Amberger Stadtwappen ist eigentlich ein pfälzisch-bayerischer Löwe, stammt aus der Zeit, als Amberg zur „Pfalz" gehörte, und verweist auf die Wittelsbacher Stadtherren.

LEOPARD

Legendäre Bedienung in einem Amberger Lokal, die gerne Kleidung mit Leopardenmuster trug

BEICHTEN AM MARIAHILFBERG:

1698: 2.757
1710: 14.591
1714: 17.964
1718: 21.901

MARIAHILFBERG

Der Hausberg der Amberger, die ihn liebevoll „unseren Berg“ nennen, ist mit 529 Metern über dem Meeresspiegel die höchste Erhebung Ambergs und weithin sichtbar. Möglicherweise hieß der Berg vermutlich nach einem Grafen Ammo, der dort eine Burg besaß, schon „Amberg“, bevor die Stadt diesen Namen bekam.

Weil die Amberger das Ende der Pest 1634 der Hilfe Mariens zugeschrieben hatten, errichteten sie zum Dank eine Wallfahrtskirche auf dem „Amberg“, der damit zum „Mariahilfberg“ wurde. Die weithin sichtbare Asamkirche mit Kloster ist heute der bedeutendste Marienwallfahrtsort der Oberpfalz.

Wenn nicht gerade Bergfestzeit ist (um „Mariä Heimsuchung“, also um den 2. Juli), dient er als wunderbares Naherholungsgebiet. Man kann dort spazieren gehen, Lehrpfade erkunden, wandern, Hunde ausführen, mit Stöcken walken, Verstecken spielen, Bäume anschauen, Blätter sammeln oder schmusen. Wer es schneller oder noch aufregender mag, joggt oder saust mit dem Mountainbike bzw. im Winter mit dem Schlitten herum (Insider-Tipp für Könner: wilde Abfahrt vom „Sender“ im Norden; aber Vorsicht: nur bei guten Schneebedingungen!). Unbedingt empfehlenswert sind die grandiosen Ausblicke, die einem an verschiedenen Punkten des Berges gewährt werden: auf die Amberger Altstadt (Richtung Südwesten), hinüber nach Sulzbach-Rosenberg (Richtung Nordwesten) oder nach Aschach und Raigering (Richtung Osten).

Auch nicht zu verachten: Einkehr in der Bergwirtschaft mit Amberg-Panorama auf der Terrasse und Besuch des idyllischen Innenhofs des an die Kirche angrenzenden Franziskanerklosters (nach Anfrage an der Pforte). Auch wenn die Pest hierorts mittlerweile überstanden ist, möchten die Amberger nicht auf die wohltuende Wirkung ihres Mariahilfbergs samt Kirche verzichten.

→ BERGFEST
→ KNÖDEL, AMBERGER
→ LEHRPFADE

Maß

Am 17.11.1923 musste der Amberger inflationsbedingt für eine Maß Bier 210.000.000.000 Mark hinblättern! Deswegen wurde besonders auf korrektes Einschenken geachtet.

MALTA

„Ich kom(m)e so eben von Malta, so nennt man im Scherze das Maltheser-Bräuhaus, wo ein delikates Bier ausgeschenkt wird."

Aus dem Tagebuch des Josef Zitzelsberger (1824 – 1883)

→ ZITZELSBERGER, JOSEF

MARATHONFRAU

Die am 5.1.1947 in Amberg als Tochter eines Majors der United States Army geborene Kathrine Virginia Switzer lief am 19. April 1967 in Boston als erste Frau der Welt mit einer offiziellen Startnummer einen Marathon mit. Was heute normal ist, war damals noch völlig unvorstellbar und verboten: Niemand traute dem weiblichen Geschlecht zu, eine derartige Belastung zu überstehen. Die Läuferin musste ihre langen Haare unter einer Wollmütze und ihre weiblichen Rundungen unter einem dicken Trainingsanzug verbergen. Sie meldete sich unter dem Namen K.V. Switzer an, damit sie als Frau nicht erkannt wurde. Zwei Männer dienten ihr als Geleitschutz und das war auch gut so, denn schon nach zwei Meilen flog der Schwindel auf und der Rennleiter wollte ihr die Startnummer entreißen. Doch die Bodyguards wussten dies zu verhindern und nach 4:20 Stunden lief sie über die Ziellinie. Fotos von der Rangelei gingen danach um die Welt und lösten heftige Diskussionen um die Leistungsfähigkeit von Frauen im Leistungssport aus. So schrieb eine „Ambergerin" Sportgeschichte, obwohl die Familie schon 1949 in die USA zurückgekehrt war.

MARKTPLATZ

DER MARKTPLATZ IST 3.736 QM GROSS.

MÄRKTE:
Wochenmarkt jeden Mittwoch und Samstag von 7 Uhr bis 13 Uhr, Bauernmarkt (mit Direktvermarktern aus der Region) jeden Freitagvormittag von 7 Uhr bis 13 Uhr.

„AMBERGER AUFRUHR":
Eine Bodenplatte mit drei Kreuzen vor dem Amberger Rathaus erinnert an drei Amberger Bürger, die auf Befehl von Kurfürst Friedrich am 5. Februar 1454 hingerichtet wurden. Grund: Die Amberger verweigerten dem Kurfürsten ihre Huldigung, woraufhin dieser drei Rädelsführer festnehmen und auf dem Marktplatz enthaupten ließ.

MILCHBAR

Auch Amberg hatte eine „Milchbar". Sie stand wohl bis Ende der 1970er-Jahre im Englischen Garten, am heutigen Standort des „Restaurant & Eiscafé Rossini". Im damaligen Kiosk gab es Softeis und prima Bananensplit. Bis Ende der 50er-/Anfang der 60er-Jahre war es ein beliebter Treffpunkt der Halbstarken mit Lederjacke und spitzen Schuhen. Der Nachfolger der Milchbar hieß „Café Eiszeit" und wurde nicht durch Halbstarke, sondern durch eine Gasexplosion am 4. Januar 1999 zerstört. Zum Glück gab es keine Verletzten.

Marienstatuen

In Amberg gibt es 50 Marias

In der Amberger Altstadt gibt es zahlreiche figürliche oder bildhafte Mariendarstellungen an Fassaden und in Hausnischen. Wesentlichen Anteil daran hatten die Jesuiten, die die Marienverehrung in Bayern (Patrona Bavariae) im Zuge der Gegenreformation stark förderten.

WO	BILD	STATUE	RELIEF
Badgasse 8		X	
Fleischbankgasse 6		X	
Georgenstraße 7	x	X	
Georgenstraße 13		X	
Georgenstraße 41		X	
Georgenstraße 54		X	
Georgenstraße 51		X	
Georgenstraße 57	X		
Hallplatz 2		X	
Hinter der Veste 1	X		
Herrnstraße 2/4		X	
Herrnstraße 12			X
Herrnstraße 15		X	
Herrnstraße 20		X	
Hinter der Mauer 5		X	
Jesuitenfahrt 6		X	
Kasernstraße 5		X	
Kasernstraße 6		X	
Kasernstraße 11		X	
Lange Gasse 19		X	
Lederergasse 10		X	
Lederergasse 11		X	

WO	BILD	STATUE	RELIEF
Neustift 5		X	
Neustift 19	x	X	
Neustift 39		X	
Obere Nabburger 7		X	
Obere Nabburger 21			X
Obere Nabburger 29		X	
Obere Nabburger 34	Mosaik		
Paradeplatz 15	X		
Paradeplatz 25	X		
Paradiesgasse 4		X	
Paulanerplatz 4		X	
Rathausstraße 4		X	
Rathausstraße 10		X	
Regierungsstraße 1		X	
Rosengasse	X		
Rosengasse 7	Gemaltes Bild auf dem Kreuz		
Roßmarkt Fenzlhaus		X	
Schiffgasse 9		X	
Schiffgasse 15	X		
Schloßgraben 2	Mosaik		
Steinhofgasse 13		X	
Untere Nabburger 8		X	
Untere Nabburger 11	Mosaik		
Untere Nabburger 22		X	
Viehmarktgasse 8	X		
Ziegelgasse 13		x	
Ziegelgasse 16			X
Ziegelgasse 26		X	

ZAHLEN UND FAKTEN ZUM DACHSTUHL VON ST. MARTIN

500 t Holz
120.000 Dachziegel
310 t Dachziegel
Dachfläche:
ca. 4.200 m²
(= ca. Minimalfläche eines Fußballfeldes)
Gesamtlänge der 1535 Holzteile: 15 km
Gesamtlänge der Dachlatten: 22 km

MARTINS-KIRCHE

Die katholische Basilika St. Martin, an der Südseite des Marktplatzes gelegen, ist mit 72 m Länge, 28 m Breite und einer Firsthöhe von rund 40 Metern die größte Hallenkirche Nordbayerns. Sie wurde ab 1421 im spätgotischen Stil errichtet.

Der fast 92 m hohe Turm, der direkt an der Vils aus dem Wasser herausragt, ist wohl der höchste an einem Wasser stehende Turm Süddeutschlands und gleichzeitig das höchste Bauwerk der Stadt.

Er ist für Führungen öffentlich zugänglich, Tickets für Führungen sind in der Tourist-Information erhältlich. Bis 1921 war noch ein Türmer beschäftigt, der bei Feuer und Feindesgefahr die Feuerglocke schlagen musste.

DER DACHSTUHL VON ST. MARTIN – EIN MEISTERWERK MITTELALTERLICHER ZIMMERERARBEIT

Der Dachstuhl ist mit 28 m Spannweite doppelt so breit wie der des Regensburger Doms. Die 48 Querbalken und Sparren sind alle gleichlang (28 m), aus ca. 50 m hohen Bäumen geschlagen und haben ein Gewicht von jeweils zwei Tonnen. Sie wurden zur gleichen Zeit im Winter gefällt, sind deshalb wurmfrei und etwa 580 Jahre alt.

Bemerkenswert: 95% des Holzes aus der Bauzeit sind nach der Sanierung noch erhalten!

Der Dachstuhl hat eine Neigung von 60°, ist 24 m hoch und 72 m lang. Er wird nur von den Verzapfungen und über 2.600 Holznägeln zusammengehalten und ist als reiner Holzdachstuhl einer der bedeutendsten und größten in Deutschland.

Der pensionierte Zimmerermeister Josef Hauer aus Parkstein hat von diesem Dachstuhl in 1.700 Arbeitsstunden ein Modell im Maßstab 1:15 angefertig (Länge 5,50 m).

Bei einer Besteigung des Martinsturms kann man unterwegs einen Blick in den Dachstuhl werfen.

MATZ
VS.
HUNDLING

Beides sind Schimpfwörter mit ähnlicher Bedeutung:

MATZ
(vor allem weiblich)

HUNDLING
(vor allem männlich)

BEDEUTUNG
entweder verächtliche Herabsetzung oder Lob für besondere Raffinesse: gewiefte, raffinierte Person

MIRAKEL-BUCH

„Mons gratiarum“

Das Amberger Mirakelbuch dokumentiert ca. 300 Gebetserhörungen auf dem Mariahilfberg, die zwischen 1659 und 1721 vom dortigen Mesner und später von den Franziskanern aufgezeichnet wurden. 1709/10 wurden auffallend viele Gebetsanliegen vorgebracht. Hintergrund: Der Winter in Europa war in den ersten Monaten des Jahres 1709 sehr hart, der Gardasee erstmals komplett zugefroren; auch der Bodensee war „größtenteils“ mit Eis bedeckt. Letzte Frostnächte gab es Anfang Juli mit anschließender Hungersnot. Als Hauptursache wird die Verdunkelung der Sonne durch Vulkanasche angenommen.

Highlight der erhörten Gebete anno 1663: Die Fürbitte Mariens heilt einen verzauberten Kaminfeger! Insgesamt war von fünf Zauberei-Heilungen die Rede.

MUSISCHES AMBERG

In 125 Jahren hat das Max-Reger-Gymnasium (ehemals Deutsches Gymnasium) 200 Schülerinnen und Schüler hervorgebracht, die Musikberufe ergriffen haben. 122 wurden Lehrer, immerhin zehn Kirchenmusiker. Nur einer wurde Tubist. Aber auch ein Gutteil der Amberger Musikszene stammt aus dem „Musischen“, Friedrich Hilpert erlangte als Kraftwerk-Musiker Weltruhm.

→ Kraftwerk

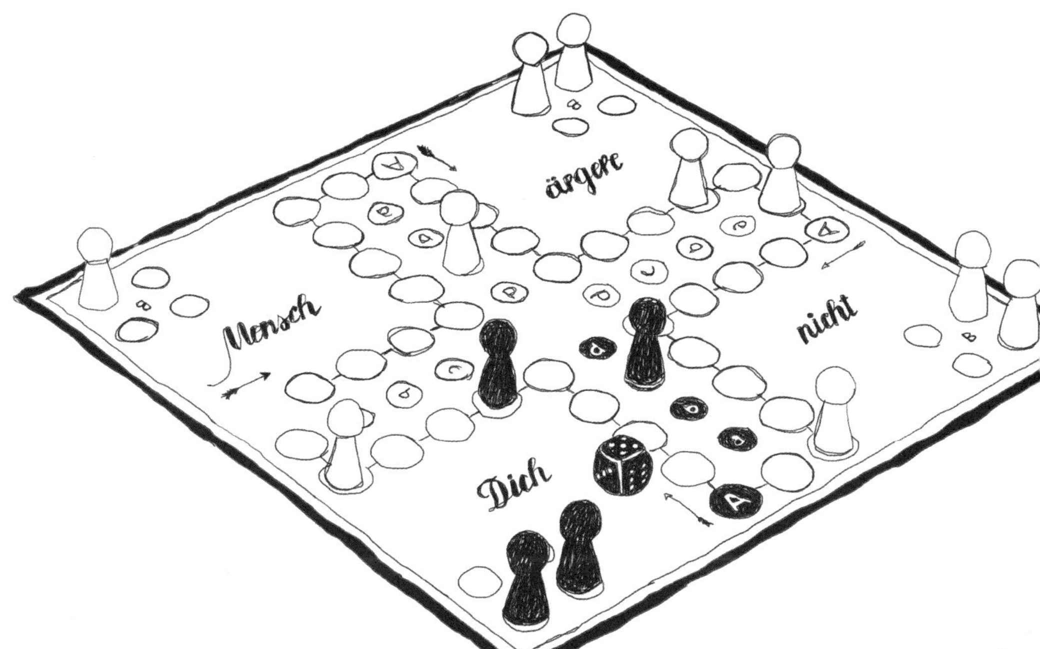

MENSCH ÄRGERE DICH NICHT!

Das Gesellschaftsspiel „Mensch ärgere dich nicht" ist weltweit bekannt. Der Erfinder des Spiels Josef Friedrich Schmidt wurde am 24. November 1871 in Amberg geboren († 28. September 1948 in München). In seiner heutigen Form wurde das Spiel in den Wintermonaten 1907/08 in Anlehnung an das englische Spiel „Ludo" in einer Werkstatt in München-Giesing erfunden. Das 1910 erstmals erschienene und ab 1914 in Serie produzierte Spiel gilt als populärstes Gesellschaftsspiel Deutschlands. Josef Friedrich Schmidt wurde der Gründer von Schmidt Spiele. Sein Geburtshaus in der Georgenstraße 63 steht heute immer noch. Eine Gedenktafel erinnert an ihn.

WELTREKORD

Am 29.07.2017 spielten auf dem Amberger Marktplatz 1.692 Menschen 30 Minuten lang gleichzeitig „Mensch ärgere Dich nicht". Damit hält Amberg den Weltrekord im „Mensch ärgere Dich nicht"-Spielen.

Medikamente

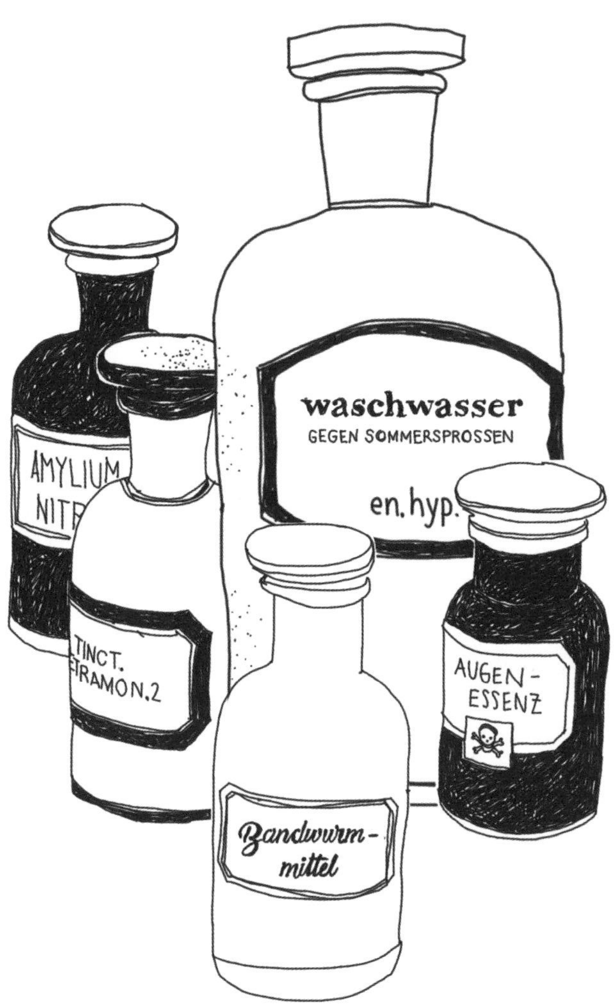

Was die Adler-Apotheke in der Georgenstraße Anfang des 20. Jahrhunderts feilbot: Augenessenz, Bandwurmmittel, Chinaeisenwein gegen Blutarmut, Eau de Chinen gegen Haarausfall, Kinderberuhigungssaft „sicher wirkend", Kummerfeld's Waschwasser gegen Sommersprossen, Paiun-Expeller zum Einreiben, medizinische Seifen, Wässer und Weine.

MERZ, MARTIN

Das an der Außenseite von St. Martin zu bewundernde Epitaph aus Rotmarmor trägt rechts der Figur die Inschrift: Im Jahre des Herrn 1501 am Tag Vitalis ist verschieden der ehrbare Meister Martin Mercz, Büchsenmeister, vor allem in der Kunst der Mathematik des Büchsenschießens berühmt, der bis zu seinem Ende sein Herz und Werk stets zu Gunsten der Pfalz vor den anderen Fürstentümern gesetzt hat und getreulich gedient hat, dessen Seele sei Gott gnädig und barmherzig.

NACHTKÖNIG
Unternehmer, der auf die Entleerung und Reinigung von Abortanlagen spezialisiert war. Da es in Amberg lange Zeit keine Kanalisation gab, wurden die Abortschächte in regelmäßigen Abständen nächtens ausgeräumt. Der Nachtkönig übte zwar einen – wie man früher sagte – unehrenhaften Beruf aus, nichtsdestotrotz benötigte man seine Dienste dringend. Aufzeichnungen aus dem 18. Jahrhundert verraten, dass das Geschäft mit dem Geschäft recht einträglich war. Geld stinkt nicht.

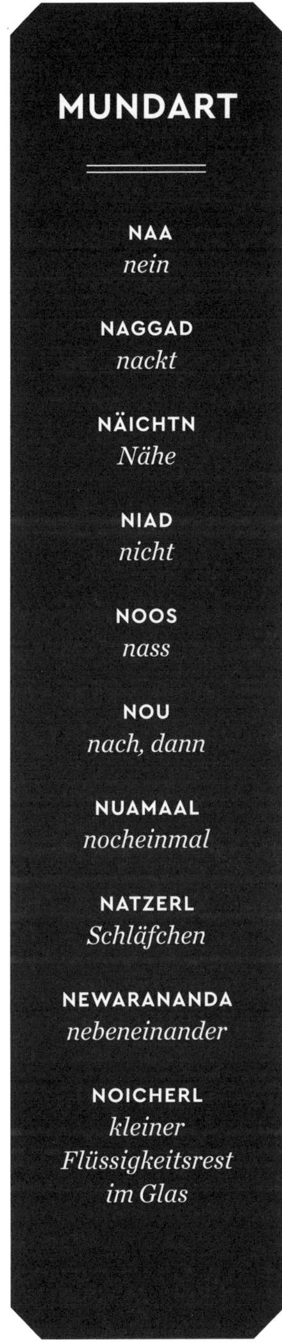

MUNDART

NAA
nein

NAGGAD
nackt

NÄICHTN
Nähe

NIAD
nicht

NOOS
nass

NOU
nach, dann

NUAMAAL
nocheinmal

NATZERL
Schläfchen

NEWARANANDA
nebeneinander

NOICHERL
kleiner Flüssigkeitsrest im Glas

NACHNAMEN

Häufigste in Amberg:

Müller 286
Schmidt 286
Bauer 254
Donhauser 224
Weiß 205
Meier 185
Wagner 174
Fischer 165
Graf 159
Schmid 159
Weber 130
Schneider 127
Birner 124
Weigl 120
Götz 111

Auch oft:

Maier 67
Mayer 63
Meyer 41
Lieder 32
Honig 31
Özarslan 25
Amberger 23

(Stand: 2015)

NATURDENKMÄLER UND LANDSCHAFTSSCHUTZGEBIETE

NATURDENKMÄLER IM STADTGEBIET

01	Amphibien-Laichstätte in der ehemaligen Tongrube Brunner, nördlich des Mariahilfberges
02	Kleiner Kreuzstein Nord und Süd, Bereich Ammerbach
03	Großer Haselknock, Ammerbach
04	Schelmesleite, Ammerbach
05	Rammertshofer Mühle, Ammerbach
06	Kleiner Haselknock, Ammerbach
07	Feld-Ahorn, nördlich Lengenloh
08	Zwei Eichen am Wendelinweg, Gailoh
09	In der Hänge, Gailoh
10	Eiche, im Englischen Garten
11	Max und Carola: Eichen, am Maxplatz
12	Linde am Kaiser-Wilhelm-Ring
13	Baumbestand am Hindenburgplatz
14	Platane, am Nabburger Torplatz
15	Baumhasel, im Schlosshof
16	Eiche, am Philosophenweg bei Nr. 10
17	Eiche, am Philosophenweg bei Nr. 2a
18	Eiche, am Mariahilfbergweg
19	Linde, am Stufenweg
20	Linde, am Stationsweg
21	Baumbestand, in Alt-Eglsee Mitte
22	Eiche, Köferinger Straße

EINZELSCHÖPFUNGEN DER NATUR

23	Gesamter Baumbestand, „Lindenallee"
24	Baumgruppe, bestehend aus Ahorn-, Linden- und Kastanienbäumen an der Hohenburger Straße
25	Der Burgstall, Schanzhügel mit 2 Linden am linken Vilsufer oberhalb des Drahthammers
26	Zwei Eichen, beim Steigerhaus am Erzberg
27	Eine Eiche, am Wasenmeistergarten an der Köferinger Straße
28	Ein Ahorn, an der Straße nach Krumbach, Dreifaltigkeitsschule
29	Drei Eichen, auf der Raigeringer Höhe
30	Drei Eichen, an der Jahnstraße/Theodor-Heuss-Straße
31	Eine Eiche, ca. 250 m östlich von Krumbach
32	Eine uralte Linde, bei Station I des Kreuzweges Mariahilfbergweg

LANDSCHAFTSSCHUTZGEBIETE

A	Geschützter Landschaftsbestandteil „Bruckmüller-Weiher"
B	Grünbestand, im Osten von Speckmannshof
C	Bodensaurer Kiefern-Eichen-Mischwald, am Wagrain
D	Höhenrücken des Erzberges
E	Magerrasen-Heckenkomplex, „Auf der Ruite" mit aufgelassenem Steinbruch an dem südwest-exponierten Hang in Krumbach
F	Hangleitenwald, an der Pfaffenleite, Krumbach
G	Streuwiese, am Langangerweg
H	Landschaftsschutzgebiet, „Am Mariahilfberg"
I	Landschaftsschutzgebiet, „Krumbach"

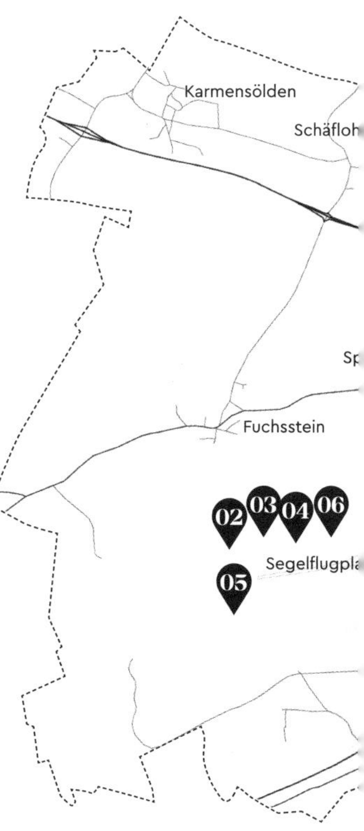

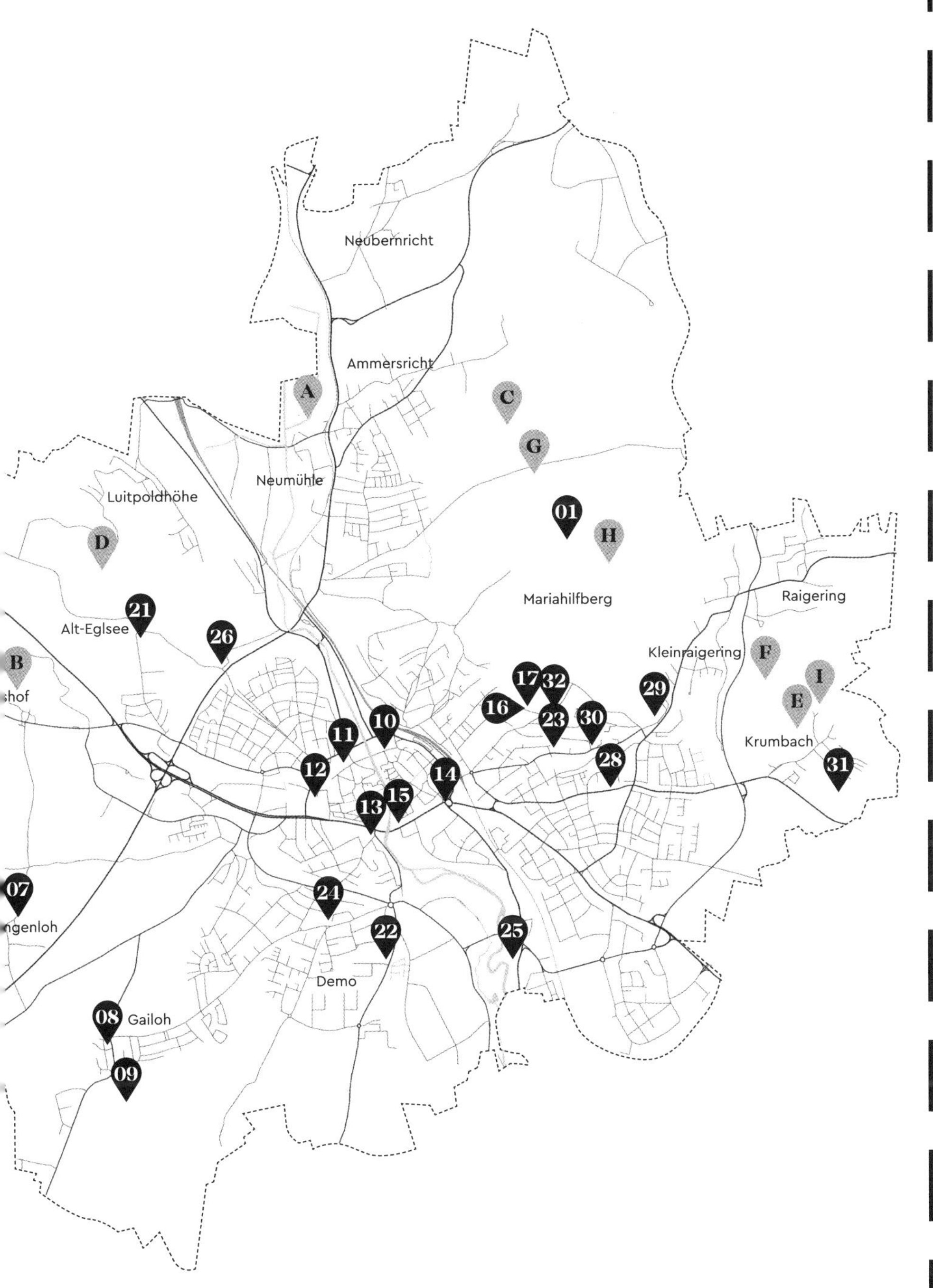
Neubernricht
Ammersricht
Neumühle
Luitpoldhöhe
Alt-Eglsee
Mariahilfberg
Raigering
Kleinraigering
Krumbach
Demo
Gailoh

NACKERT
VS.
BRITSCH-NACKERT

NACKERT
1. nackt, unbekleidet
2. kahl, schmucklos

BRITSCH-NACKERT
unbekleidet und darüber hinaus provokant oder unangemessen

BRITSCHN
1. bösartiges, klatschsüchtiges Weib, Verräterin
2. liederliche Weibsperson (... de Britschn taugt nix!)

NORD-WEST

Zu Recht in Vergessenheit geriet ein Vorhaben aus dem Jahr 1966 – das Projekt „Amberg Nord-West". Ein Münchner Investor wollte das Areal zwischen Paradiesgasse, Viehmarkt und Lange Gasse – mit einem arg heruntergekommenen Häuserbestand – erwerben und mit sechsgeschossigen Wohn- und Geschäftshäusern bebauen. Wer sich noch an das alte Moedel-Haus oder das alte Gewerkschaftshaus erinnert, kann sich den Gesamteindruck vorstellen.

NACHDENKLICHE SPRÜCHE MIT BILDER

Der Amberger Willy Nachdenklich ist Erfinder der Internetseite „Nachdenkliche Sprüche mit Bilder" und 1 bekannter Benutzer der „vong-...-her" Kombination. Die „Vong-Sprache" ist eine künstliche Ausdrucksweise, die in humoristischer Weise Sätze produziert, als hätte sie ein minderbemittelter junger Mensch gesprochen. Dabei werden Wörter stark verhunzt und verkürzt (z.B. bim statt bin, i statt ich, u statt und, han statt habe), oder englische Verben werden unbarmherzig deutsch dekliniert (smackte, erdrinken, whippte...), Versatzstücke beider Sprachen werden gemixt, Rechtschreibung und Grammatik spielen dabei keine Rolle. Die Spuren der Erfinder der Vong-Sprache reichen einerseits ins Hip-Hop-Milieu (z.B. zum österreichischen Rapper Money Boy) und andererseits in Schriftstellerkreise zur Dichterin Friederike Mayröcker oder zu dem Schriftsteller Rolf Dieter Brinkmann, die bereits vor ca. 30 bis 50 Jahren so schrieben. Mittlerweile gibt es sogar eine Bibel-Übersetzung in die Vong-Sprache von Shahak Shakira.

Nonnenbunker

Liebevolle Bezeichnung der Amberger Bürger für die lange Jahre von Ordensfrauen geführte „Schwesternschule" – heute mit vollem Namen Dr.-Johanna-Decker-Gymnasium und Dr.-Johanna-Decker-Realschule – eine katholische Schule für Mädchen und junge Frauen im Zentrum Ambergs direkt an der Vils. Daher von manchen auch „Jungfernaquarium" genannt.

NOTRATION

Die Hochbehälter fassen 13.090 Kubikmeter Wasser – das entspricht etwa der Menge, die die Stadtwerke an einem Tag aus der Erde pumpen und von den Quellen abschöpfen.

OBDACHLOSEN-UNTERKUNFT

Die Obdachlosenunterkunft und Wärmestube befinden sich seit 2010 in der Austraße. Bis dahin befanden sie sich im sogenannten Leprosenhaus in der Fleurystraße, wurden aber dort nicht mehr als zeitgemäß erachtet.

⟶ LEPROSENHAUS

PANDURENPARK

2010 eröffnetes, modernes Vereinsgelände des SV Raigering mit Kunstrasenplatz nebst Flutlichtanlage, Rasenplätzen, Beachvolleyballfeld, Sportheim

OKER, EUGEN

(alias Fritz Gebhardt)

**24.06.1919 in Schwandorf, †14.03.2006 in München, Schüler der Oberrealschule (jetzt GMG) in Amberg. Maurer. Ofensetzer. Lokalredakteur. Topograf und Fotogrammeter beim Bayerischen Landesvermessungsamt München. Nach Kriegsende Korrespondent für „Die Neue Zeitung" und später als Spielekritiker für die „Zeit", die „Frankfurter Rundschau" und den Bayerischen Rundfunk tätig. Schriftsteller. Buchhändler. Verfasser zahlreicher Bücher („Babbageschichten", „Antigartenbuch", „Bayern, wo's kaum einer kennt" u.v.a.). Mundartdichter („so wos schüins mou ma soucha / Gedichte im oberpfälzischen Dialekt"). Ab 1970 lebte Eugen Oker als freier Schriftsteller in München.*

MUNDART

OA
Ei

OAM
Arm

OASCH
Hintern, Arsch (Schimpfwort)

OASCHLOOCH
Arschloch

OAWAN
arbeiten

OAWATSLOUS
arbeitslos

OAZT
Arzt

OIA
Eier

OINS
eins

OINE
hinunter

OUMD
Abend

PANDUREN

Die Bewohner des Ortsteils Raigering werden auch Panduren genannt. Diese Bezeichnung geht vermutlich auf die Gefolgschaft von Baronesse von Jeszinsky aus Pressburg zurück, die 1745 mit dem Raigeringer Schlossherrn Graf C.J. von Butler verheiratet wurde. Die Gefolgschaft dieser Baronesse wurde nach ihrem ursprünglichen Herkunftsort Pandur/Pandura in Slowenien benannt. Das Gesinde zeigte sich in der Gegend recht rauflustig und war dadurch unbeliebt bei der Bevölkerung. Seitdem wurden die Raigeringer immer wieder als „Panduren" beschimpft, sind aber inzwischen stolz auf diesen Beinamen. Der Name „Raigeringer Panduren" hat sich bis heute erhalten und der „Pandur" ist mittlerweile in viele Vereinswappen integriert. Seit 2016 gibt es auch einen „Pandurenspielplatz" und den „Pandurenpark".

→ BIER (PANDURENBLUT)

ÖSTERREICH & AMBERG

1703: Die Österreicher eroberten im Spanischen Erbfolgekrieg Amberg. Vorausging eine Beschießung der Stadt, die fünf bis sechs Wochen andauerte. Dabei wurden 112 Häuser zerstört. Amberg war daraufhin von 1705 bis 1708 österreichisch.

PANORAMABLICK

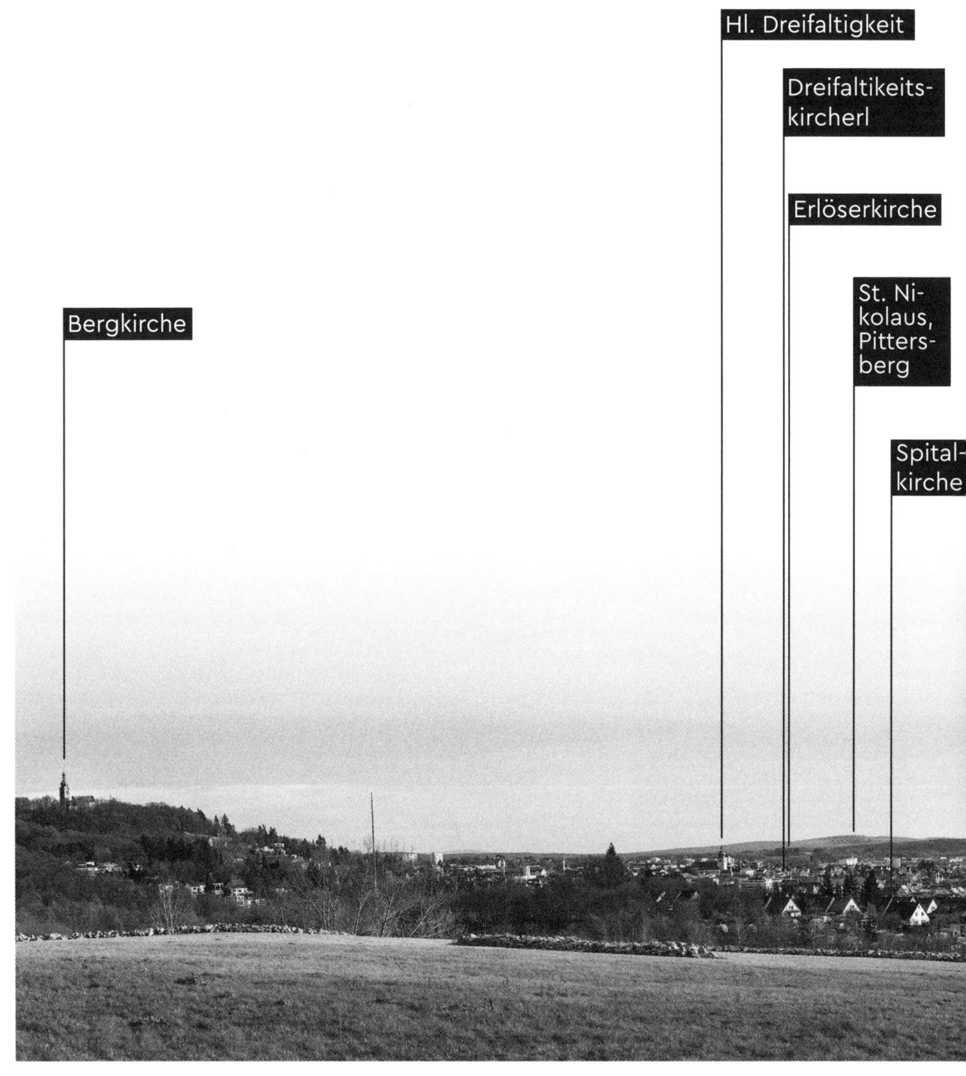

Vom ehemaligen Schlackenberg der Luitpoldhütte (2008 – 2013 saniert) bietet sich ein schöner Panoramablick über die Stadt. Wer genau hinsieht – am besten mit Fernglas – kann an diesem besonderen Standort bei guter Fernsicht insgesamt 18 (!) Kirchen bzw. Türme entdecken.

18 KIRCHEN KANNST DU SEHEN

Nicht im Bild, aber auch von diesem Standpunkt aus zu sehen:

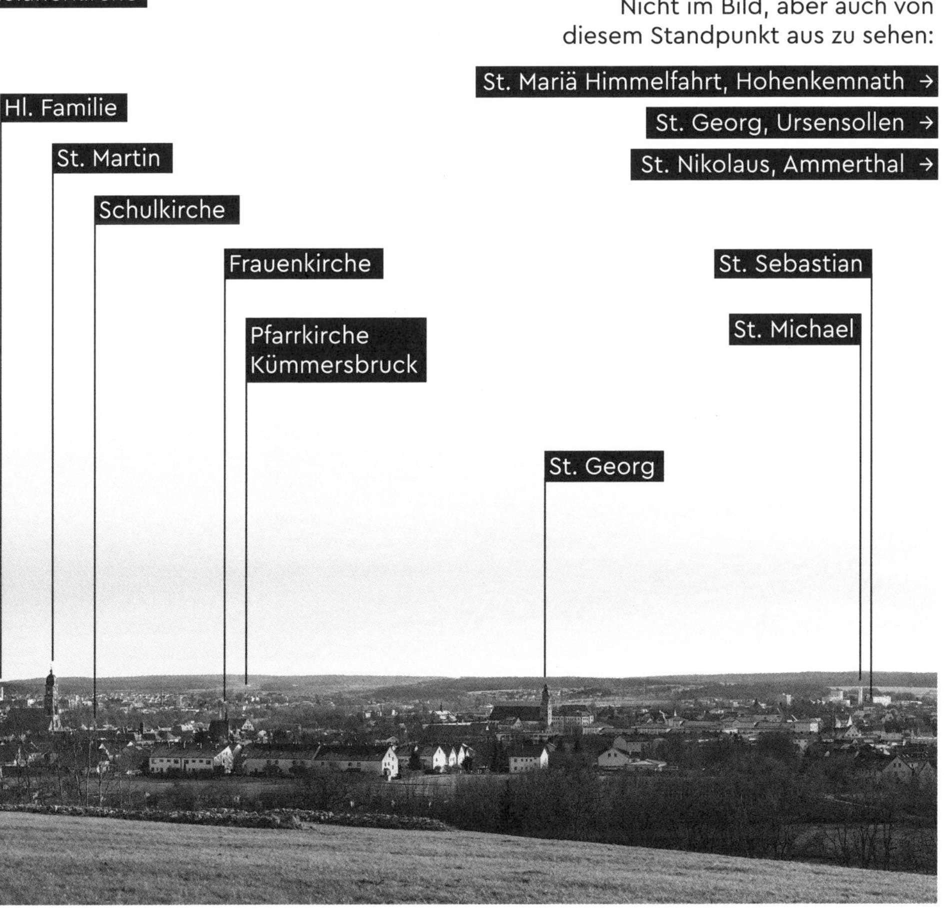

STANDORT: Auf dem Erzberg, ehem. Schlackenberg, oberhalb der Kleingartenanlage „Steigerhaus": ANFAHRT: Eglseer Straße/Erzbergweg PARKEN: unterhalb des Schlackenbergs – dann zu Fuß in fünf Minuten zum höchsten Punkt (!) auf der Wiese gehen, nur dort ist dieser Blick möglich.

PAPST-WEG

Im August 1999 besuchte Kurienkardinal Joseph Ratzinger, der spätere Papst Benedikt, mit seinem Bruder Georg inoffiziell die Stadt Amberg. Stadtpfarrer Msgr. Franz Meiler († 2017) führte die beiden von der Schiffgasse in die Martinskirche, danach über den Marktplatz und die Krambrücke die Georgenstraße hinauf. Über das Obere Apothekergäßchen gelangten sie zur Schulkirche, wo man einer zufällig stattfindenden Konzertprobe beiwohnte.

Die Musiker Franz Badura (Trompete) und Bernhard Müllers (Orgel) spielten daraufhin spontan nur für die Ratzinger-Brüder das „Ave Maria" von Schubert. Anschließend wählte man den Weg über die Georgenstraße zur Kirche St. Georg. Gerüchte, die drei Wanderer hätten sich im einen oder anderen Wirtshaus gestärkt oder hätten als Schleichweg, um unerkannt zu bleiben, den Weg über die → Brunzbieslgasse gewählt, wurden von den Verfassern als unwahr wegrecherchiert.

PARTNER-STÄDTE

Offiziell mit Urkunde besiegelte Städtepartnerschaften:

DEUTSCHLAND
Bad Bergzabern, Rheinland-Pfalz;
Freiberg, Sachsen

FRANKREICH
Périgueux, (Aquitanien)

GRIECHENLAND
Trikala, (Thessalien)

ITALIEN
Desenzano del Garda, (Provinz Brescia)

POLEN
Bystrzyca Kłodzka (Habelschwerdt), Dolnośląskie (Niederschlesien)

TSCHECHIEN
Ústí nad Orlicí (Wildenschwert), Pardubický kraj (Region Pardubitz)

„Freundschaftliche Beziehungen" bestehen zu:

SLOWENIEN
Kranj, (Oberkrain)

FINNLAND
Siilinjärvi, (Nord-Savo)

STÄDTE-PATENSCHAFTEN

Geretsried, Bayern
Schnaittenbach, Bayern

PAPA SCHMID

Der Gründer des Münchner Marionettentheaters hieß Josef Leonhard Schmid, später liebevoll „Papa Schmid" genannt. Er wurde am 29. Januar 1822 in Amberg geboren († 31. Dezember 1912 in München). Ihm zu Ehren gibt es in seiner Geburtsstadt Amberg die Josef-Schmid-Straße und in München die Papa-Schmid-Straße.

PENDLER

ÜBER NEUNTAUSEND MENSCHEN PENDELN TÄGLICH ZUR ARBEIT NACH AMBERG.

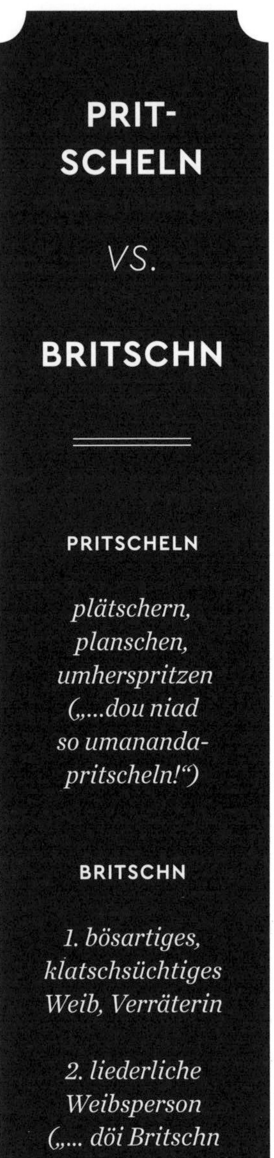

PRIT-SCHELN

VS.

BRITSCHN

PRITSCHELN

plätschern, planschen, umherspritzen („...dou niad so umananda-pritscheln!")

BRITSCHN

1. bösartiges, klatschsüchtiges Weib, Verräterin

2. liederliche Weibsperson („... döi Britschn taugt nix!")

PRECHTL, MICHAEL MATHIAS

ist ein international bekannter Maler, Zeichner und Illustrator. Er wurde 1926 in der Vimystraße 10 in Amberg geboren und verstarb 2003 in Nürnberg. Er liegt auf dem Katharinenfriedhof in Amberg begraben. „MMP" wurde mit zahlreichen nationalen und internationalen Preisen ausgezeichnet. Ab 1971 arbeitete er für die „New York Times" und in den 80er-Jahren für den „Spiegel". Prechtls Schaffen ist vielfältig. Es umfasst Holzschnitt, Lithografie, Radierung, aber auch Malerei, Keramik, Plakatgestaltung, Buchillustration und Arbeit für Film und Theater. Seit 2016 präsentiert das Stadtmuseum Amberg die umfangreichste Sammlung an Prechtl-Originalen in einer Dauerausstellung.

PROGRESSIVES AMBERG

„Amberg Progressiv" nannte sich eine Gruppe junger Leute, die das Establishment kritisch betrachteten und im November 1968 eine gleichnamige Veranstaltungsserie ins Leben riefen. Mit Kunst, Musik, Filmen und Diskussionen setzten sie Zeichen in der damaligen Zeit.

PROTAGONISTEN

Günther Dollhopf, Dieter Meiller, Alois Seegerer, Winnie Steinl, Peter Vogl, Uli Wähner u.a.

PFERD

Im Zeughaus wurde lange Zeit ein ausgestopftes Pferd aufbewahrt. Der Zossen soll unter Friedrich V. zusammengebrochen sein, nachdem er in einem 18-stündigen Gewaltritt von Heidelberg nach Amberg galoppiert war. Diese herkulische (und erfundene) Heldentat war kaum weniger beeindruckend als der Tross, der kurze Zeit später tatsächlich nach Prag aufbrach, wo der junge Kurfürst die böhmische Königskrone annehmen wollte: Er umfasste 100 Packwagen und 569 Personen. Das heldenhafte Reittier „überlebte" angeblich auf dem Dachboden des Zeughauses – wohin es verschwand, ist ungeklärt. Allerdings wurden auf dem Bürgerspitalareal 2017 die Überreste eines beerdigten Pferdes ausgegraben...

PRESSSACK MIT MUSIK

Schwer genervt vom Gebaren der GEMA veröffentlicht ein Amberger Gastronom auf seiner Facebook-Seite eine Veranstaltung mit dem Titel „Presssack mit Musik", um zu testen, ob die GEMA auf diesen Titel hereinfällt und für „Presssack mit Musik" auch Gema-Gebühren eintreiben will. Und tatsächlich dauert es nicht lange, und die Geldeintreiber der GEMA melden sich beim Wirt und wollen für die Veranstaltung „Presssack mit Musik" entsprechende Tantiemen kassieren. Natürlich ist bei der GEMA nicht bekannt, dass „Presssack mit Musik" in Bayern eine beliebte Brotzeit ist, und die Mitarbeiter der GEMA müssen sich zähneknirschend zurückziehen.

REZEPT FÜR PRESSSACK MIT MUSIK

Zutaten: Presssack, in feine Scheiben geschnitten, Essig, Öl, Zwiebel

Zubereitung Pressack mit Musik nach typisch fränkischer/oberpfälzer Art: Man garniert feine Scheiben Pressack auf einem Teller mit einem mild abgewürzten Sud aus Essig, Öl und Zwiebelscheiben. Pressack mit Musik wird gerne an warmen Sommerabenden gegessen.

PEST-PROPHETIN

1627: Eine Prophetin tritt in Amberg auf. Im Wald erscheint ihr ein Mann in weißem Kleid und von schöner Gestalt. Er führt sie in einen idyllischen Garten, von dem sie auf die Stadt Amberg herabschauen können. Hoch über der Stadt schweben zwei Engel: Der eine hält in der linken Hand eine Rute und in der rechten Hand einen Becher, der andere ist mit einem blanken Schwert bewaffnet. Der Mann im weißen Kleid erklärt der Prophetin, Gott habe die Stadt mit Krieg und Blutvergießen gestraft, die Stadt sich aber nicht bekehrt. Deswegen werde nun die Pest über ihr ausgegossen. Nirgends, nicht einmal in der Türkei, gebe es so viel Untreue und Unkeuschheit wie in Amberg. Würden sich die Amberger nicht bekehren, werde ihnen Gott mit dem Schwert des Engels den Garaus machen. Diese Warnung solle sie, die Prophetin, der Obrigkeit mitteilen.

Die Regierung lässt die Frau verhaften und sehr ausführlich und sehr rationell befragen. Nach eingehender Beratung stellt man fest, dass sie keine Prophetin sei.

Auch wenn man Propheten ja bekanntlich keinen Glauben schenken soll, erwies sich diese Entscheidung im Falle der Amberger Pestprophetin eher als unvorteilhaft: Ab April 1634 brechen in Amberg Pest, Fieber und Ruhr aus – pro Tag sterben bis zu 40 Menschen. Außerdem müssen viele Menschen wegen Lebensmittelknappheit verhungern. Die Jesuiten, von denen viele während dieser Zeit aus Amberg geflohen waren, schlugen daraufhin vor, ein Marienbild auf den Berg zum Wachtturm hinaufzutragen.

MUNDART

PFIEFKAAS
Ausdruck für Ablehnung, „sicher nicht“

PFOARA
Pfarrer

PFITSCHAPFAAL
schnell wie ein Pfeil

PFLOUTSCH
ungeschickte Person

PLAADSCHAARE
Schlamassel oder etwas Großes, Unförmiges

PIZZERIA ANTONIA

hieß die wahrscheinlich erste Pizzeria in Amberg (in der Georgenstr. 13). Danach befanden sich im gleichen Gebäude u.a.: Kneipe Piano, Metzgerei Wolf, jetzt Hunkemöller Dessous.

PLÄTZE IN AMBERG

Rotkreuzplatz
Maxplatz
Bahnhofsplatz
Multifunktionsplatz
Paradeplatz
Studentenplatz
Paradiesplatz
Lothringer Platz
Paulanerplatz
Marktplatz
Frauenplatz
Malteserplatz
Hindenburgplatz
Bürgermeister-Bartelt-Platz
Dreifaltigkeitsplatz
Nabburger Torplatz
Rosenplatz
Vilstorplatz
Wingershofer Torplatz
Ziegeltorplatz
Schrannenplatz
Roßmarkt
Viehmarkt
Eichenforstplatz
Salzstadelplatz
Ernst-Michl-Platz

POSTBRIEFKÄSTEN
1910: 22
2014: 56

Laut Vorgabe der Deutschen Bundespost soll der Kunde nach Möglichkeit weniger als 1000 Meter zum nächsten Briefkasten laufen. Im Bundesschnitt beträgt die Distanz zwischen Bürger und Postbriefkasten 400 Meter.

POSTLEIZAHL

92224

VOR DER PLZ-REFORM (1993): 8450

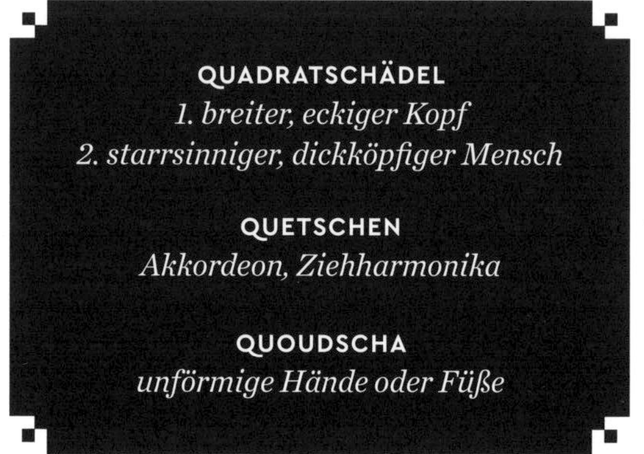

QUADRATSCHÄDEL
1. breiter, eckiger Kopf
2. starrsinniger, dickköpfiger Mensch

QUETSCHEN
Akkordeon, Ziehharmonika

QUOUDSCHA
unförmige Hände oder Füße

PLÄTTEN

Handelskähne transportierten bereits im 13. Jahrhundert Eisenerz aus Amberg über die Vils und Naab nach Regensburg. Heute transportieren die „Plätten“ Tagesausflügler zu einer einstündigen Fahrt flussabwärts ins ehemalige Landesgartenschaugelände und wieder zurück.

Von März bis Oktober kann man samstags und an Sonn- und Feiertagen gemütlich auf der Vils schippern und Amberg auf dem Wasserwege kennenlernen. Ein Plätte ist 12 m lang, 1,5 m breit, 80 cm hoch und bietet Platz für ca. 30 Personen.

ABLEGESTELLEN:
Schiffgasse, Drahthammerwiese, ACC

Pumperhölzl

Das Pumperhölzl ist ein kleines Waldstück am Galgenberg. Der Name ist abgeleitet von der dampfgetriebenen Pumpstation des alten Wasserwerks „Am Anger“, die nach dem Krieg dort errichtet wurde. Das maschinelle „Pumpern“ in der Station gab dem Wald seinen Namen. Den Kindern erzählte man früher, sie sollten den Ort meiden, weil es dort spukt und „pumpert“ und sich dort der „Wutzagackl“ (Berggeist) herumtreibt.

Durch den Wald verläuft ein beliebter Fuß- und Radweg zwischen der Innenstadt und den Ortsteilen Ammersricht und Wagrain.

Es gibt darüber hinaus aber noch weitere Bedeutungen von „pumpern“: Bei „Pumperl“ und „pumpern“ denkt man an das pochende Herz; dazu passt das Adjektiv „pumperlgsund“. „Pumpern“ kann aber auch mit Sexualität zu tun haben. Im Bairischen gibt es dazu ja eine breit gefächerte Palette an Ausdrücken. So sind die Verben „pumpern“ oder auch „pimpern“ Synonyme für den Geschlechtsverkehr. Was das wiederum mit dem Amberger „Pumperhölzl“ zu tun haben könnte, möge der Leser im Zweifel selbst herausfinden.

REKATHOLISIERUNG

Die Stockerin, die Hostie und das Teufelchen

Als Auseinandersetzung zwischen Protestanten und Katholiken um die religiöse Vorherrschaft in Europa machte der Dreißigjährige Krieg (1618 – 1648) mit seinen Konfessionswirren auch vor Amberg nicht Halt:

Anno 1624 erzählte eine Frau, die „Stockerin“, sie habe sich gemäß dem zwingenden Wunsch des neuen Landesherrn von der protestantisch-lutherischen Lehre abgewandt und das katholische Abendmahl genommen. Zum Schein – denn sie verbarg die Hostie im Mund und nahm sie in einem unbeobachteten Moment wieder heraus.

Sie bewahrte die Hostie in einem Kästchen auf, und nach acht Tagen fand die Stockerin statt der Hostie eine Goldmünze vor. Begreiflicherweise war sie wie vom Donner gerührt. Bis zum nächsten Tag verwandelte sich die Goldmünze in einen Schmetterling, den die Frau einfing und wieder in ihr Kästchen sperrte. Nach weiteren zehn Tagen hatte sich das Insekt in ein kleines Teufelchen verwandelt. – Der Kommentar des Jesuitenpaters, der von der Angelegenheit berichtete: „Quis credat?“ („Wer mag das glauben?“).

Das Vorkommnis hatte übrigens ein Nachspiel: Die Stockerin hatte die Geschichte überall herumerzählt; viele Bürger erkannten in der Verwandlung der katholischen Hostie in einen Teufel eine Warnung, nicht vom wahren (protestantisch-lutherischen) Glauben abzufallen. Die Katholisierungsbemühungen wurden so gefährdet. Daher regte der Jesuitenpater an, eine Druckschrift darüber zu verbreiten, „damit man der Vettel könnt das Maul stopfen“.

MUNDART

RAADL
Fahrrad

RAATSCHN
sich ungezwungen unterhalten

RAATSCHKATTL
gesprächige Person

RANGA
Böschung

RANZN
a) dicker Bauch
B) Schultasche

RAMML
Rüpel

REEN
reden

ROU
Ruhe

RUDSCHAA'L
kleines Auto

RUSS'
Russe

RING-RASER

Ring-Raser (auch Stadtrundenfahrer) sind Autofreaks, die sich mit dröhnenden Motoren Rennen auf dem Amberger Altstadtring liefern. Zwischendurch treffen sie sich an anliegenden Parkplätzen und tauschen vermutlich die neuesten Tuning-Tipps aus. Anwohner und Polizei versuchen seit Jahren vergeblich, dieses ärgerliche Treiben zu unterbinden.

REKORDE

(nicht alle offiziell bestätigt)

Längstes Weißwurstfrühstück,
das kleinste Hotel,
die größte mundgeblasene Vase,
der längste Fleckerlteppich,
die meisten Feuerwaffen
pro Einwohner (in Bayern),
der größte Dotsch,
die erste Softporno-Kinodarstellerin,
das kleinste Café Europas,
die meisten Personen gleichzeitig beim
„Mensch ärgere Dich nicht"-Spielen.

→ MENSCH-ÄRGERE-DICH-NICHT

RHEIN-MAIN-DONAU-KANAL

Im Jahr 1967 war klar: Der Rhein-Main-Donau-Kanal wird nicht über Amberg geführt. Was heute abwegig erscheint, war lange im Gespräch. Doch letztlich gaben vor allem Kostengründe den Ausschlag. Außerdem hätte ein längerer Tunnel einen späteren Ausbau unmöglich gemacht. Noch 1958 forderte der hiesige Landtagsabgeordnete Dr. H. Raß den beschleunigten Ausbau der Großschifffahrtsstraße über die Vilsstadt.

Rathaus

Das Amberger Rathaus wird erstmals 1348 urkundlich erwähnt. So wie es sich präsentiert, ist es aus mehreren Gebäuden zusammengewachsen. Doch auch schon der Teil, der heute von den Passanten leicht als „altes“ Rathaus identifiziert wird, besteht aus drei Gebäuden, die zu Beginn des 16. Jahrhunderts zu einem Bau zusammengefasst wurden. Den Großen Rathaussaal, der früher nur fünf Fenster lang war, erweiterte man dabei. Unter seinem Kastenerker lag der Jordan, ein vergittertes Gefängnis, in dem die Verurteilten zur Schau gestellt wurden. Das Lochgefängnis mit sechs Zellen im Inneren des Rathauses dient heute als Weinkeller. Bei Hochwassser wurde das Gefängnis wohl geräumt. Im Erdgeschoss boten bereits im 14. Jahrhundert Geschäfte Waren feil, ein Zwischengeschoss diente als Brot- und Getreidespeicher. Der zum Marktplatz hin aufgerichtete Altan schloss die Neustrukturierung ab. Er verdrängte die Treppe, die im Mittelalter an der Fassade zu den Administrationsräumen im Obergeschoss führte.

Eine Liste der Einrichtungen, Funktionen und Aktivitäten im Rathaus verdeutlicht eindringlicher als eine reine Baubeschreibung die Bedeutung des Gebäudes für die Stadt:

Sitz von Gerichten und Polizei
Stadtschreiberei
Registratur / Stadtarchiv
Stadtkasse / Kämmerei
Vorratshaus (Brot und Getreide)
Standort der Stadtwaage
Handelsgeschäfte / Läden
Tanzsaal für Feste und Hochzeiten
Sitzungssaal der oberpfälzischen Landstände
(Zwischen 1507 und 1628 tagte im Amberger Rathaus die Vertretung der Klöster, der adeligen Grundherren sowie der Städte und Märkte.)
Kerker
Sitzungsaal für Bürgermeister und Rat

RELIQUIEN

Reliquien gibt es in Amberg zuhauf. Zu einigen gibt es besondere Geschichten:

SCHULKIRCHE

So finden sich in der Schulkirche seit Mitte des 18. Jahrhunderts Reliquien des heiligen ***Cölestin*** *(„der Himmlische"). Der Bauernsohn Pietro Angelerio hielt sich im 13. Jahrhundert als Eremit irgendwo in der „Kniekehle" Italiens auf – bis er am 15.07.1294 zum Papst gewählt wurde. Doch bereits nach fünf Monaten legte er dieses Amt nieder. Sein Nachfolger hielt ihn vorsichtshalber bis zu seinem schnellen Tod gefangen. Bedenkt man, dass der emeritierte Papst Benedikt XVI. kurz vor seiner Wahl zum Oberhaupt aller Katholiken in Amberg weilte und sich verschiedene Kirchen ansah, kann man zwischen beiden spektakulären Rücktritten überraschende Parallelen feststellen.*

Das zeigen die beiden Demissionsbegründungen:

Rücktritt Cölestins: *„Ich, Coelistin V., bewegt von legitimen Gründen, aus der Notwendigkeit der Demut, der moralischen Perfektion und aus Gewissensgründen, aber auch aus der Schwäche des Körpers, wegen der Unfähigkeit zum Lehramt, wegen der Schwäche meiner gesamten Person und schließlich, um den Frieden und die Versöhnung mit meinem früheren Leben wieder zu erlangen, trete aus freiem Willen vom Pontifikat zurück und verzichte ausdrücklich auf den Thron, auf die Würde, auf das Amt und auf die Ehre, indem ich von diesem Moment an die volle und freie Macht an das hl. Kollegium der Kardinale übergebe, nach kanonischem Recht einen neuen Hirten für die Universalkirche zu wählen."*

Rücktritt Benedikts: *„Nachdem ich wiederholt mein Gewissen vor Gott geprüft habe, bin ich zur Gewissheit gelangt, dass meine Kräfte infolge des vorgerückten Alters nicht mehr geeignet sind, um in angemessener Weise den Petrusdienst auszuüben. ... Um das Schifflein Petri zu steuern und das Evangelium zu verkünden, ist sowohl die Kraft des Körpers als auch die Kraft des Geistes notwendig, eine Kraft, die in den vergangenen Monaten in mir derart abgenommen hat, daß ich mein Unvermögen erkennen muss, den mir anvertrauten Dienst weiter gut auszuführen. Im Bewußtsein des Ernstes dieses Aktes erkläre ich daher mit voller Freiheit, auf das Amt des Bischofs von Rom, des Nachfolgers Petri, zu verzichten."*

Cölestin ist übrigens der Patron der Buchbinder.

ST. GEORG

Die Kirche St. Georg verwahrt die Reliquie eines heiligen ***Prosper****. Leider ist unklar, um welchen Prosper – es soll mehrere Märtyrer gleichen Namens gegeben haben – es sich dabei handelt. Denn in den 1576 bei Bauarbeiten in Rom zufällig entdeckten antiken Katakomben hatte man Überreste von Märtyrern gefunden, die nicht immer eindeutig zugeordnet werden konnten. Auf jeden Fall setzte ein schwunghafter Handel mit den geborgenen Überresten ein und prominente Heilige mussten oft als unfreiwillige Namenspaten dieser Funde herhalten. Ob dies mehr der Frömmigkeit oder der Geschäftstüchtigkeit der damaligen Administration zuzuschreiben ist, muss hier ungeklärt bleiben.*

Die Reliquien des heiligen ***Aloisius****, die ebenfalls in St. Georg liegen, sollen gegen die Pest sowie gegen Augenleiden helfen. Der Adelsspross, der statt Feldherr Jesuit wurde, steckte sich 1591 bei der Behandlung von Pestkranken an. Er soll überaus keusch gelebt haben. Keine Frau, nicht einmal die eigene Mutter, habe er nach seinem Gelübde angesehen. Er dient auch der studierenden Jugend als Patron und hilft bei der Berufswahl. Passend für die Schulstadt Amberg.*

ST. MARTIN

Klarer sieht man bei den Reliquien in St. Martin. Zum einen gibt es da die heilige ***Asteria*** *(„die Sternengleiche"), die ihr Haupt während der Christenverfolgungen unter Diokletian im Jahre 304 verlor. Der Leib der Heiligen wurde 1756 samt einer Ampulle Blutes von Rom nach Amberg geschickt und 1757 in der Martinskirche gebettet.*

Zum anderen liegt hier auch der heilige ***Crescentianus****. Er war ein römischer Adeliger und Soldat, der sein Bekenntnis zu Christus ebenfalls mit dem Verlust seines Kopfes bezahlte. Vorher soll er noch einen Drachen erschlagen haben. 1666 soll dessen Körper samt einer Ampulle Blutes auf Vermittlung des bayerischen Kurfürsten Ferdinand Maria und dank der Zustimmung Papst Alexanders VII. nach Amberg gekommen sein. Crescentianus ist der zweite Patron der Basilika und samt Schwert auch am Hochaltar dargestellt. Der Reliquienleib soll aus römischen Katakomben stammen. Allerdings sollen die Reliquien seit 1068 in Urbino weilen, wo er auch Stadtpatron ist. Er soll u.a. gegen Kopfschmerzen helfen.*

FRANZISKANERKLOSTER MARIAHILFBERG

Es ist unklar, ob im Franziskanerkloster Reliquien vorhanden sind.
2007 hat man jedenfalls Reliquienaufsätze anfertigen lassen.

ST. SEBASTIAN

Keine besondere Reliquie birgt das Sebastianskircherl. Interessanterweise sind aber dessen Seitenaltäre und das Gestühl anno 1772 von einem Schreinermeister Eder, der damals anscheinend nicht von einem Kobold namens Pumuckl behelligt wurde, kunstvoll gefertigt worden.

HL. FAMILIE

Die Pfarrgemeinde Hl. Familie hat am 4.7. 2016 eine Reliquie von Papst Johannes Paul II. als Geschenk erhalten. Die Reliquie – Haare des verstorbenen Papstes – ist in einer sogenannten Monstranz gefasst und befindet sich in der Pfarrkirche am linken Seitenaltar in einem Bronzeschrein. Reliquien werden immer als Geschenk überlassen, denn der Handel und Verkauf sind nach kirchlichen Grundsätzen streng verboten.

ROCKENFÜSSL

Sage nach Franz Xaver von Schönwerth

In dem Turm am Henkerbergl soll ein armes Mädchen gewohnt und trotzig das Gebot übertreten haben: Man soll am Freitag nicht singen, am Samstag nicht spinnen, am Sonntag die erste Messe nicht verschlafen. Und weil sie es im Alter wie in der Jugend trieb und boshaft dem alten Gesetz zuwider gehandelt hat, wurde ihr Fuß in einen Rockenfuß umgestaltet, und sie musste nach ihrem Tode umherwandern. Es ist klein, mit rundem Reifrock und hat zwei Hühnerfüße, einen sehr großen Kopf; darauf ein Dreispitz sitzt. Es springt, statt zu gehen. Oft zeigt es sich auf der Amberger Hollerwiese.

(Diese Sage kann man an der Schönwerth-Gedenktafel an der Schulkirche nachlesen.)

ROTE FENSTER

Um 1400 fand die Prostitution rund um die Ballhausgasse statt. 1475 wurden dort 18 Huren verhaftet. Heutige Zeitgenossen erinnern sich dagegen an das Kommandantengässchen, den Paulanerplatz, die Batteriegasse oder die Sulzbacher Straße als Orte mit horizontalem Gewerbe. In der Oberpfalz dulden heute nur noch Regensburg und Amberg das Rotlichtgewerbe. Dabei wird Amberg bisweilen als „Puffstandort Nummer eins der Oberpfalz“ bezeichnet.

RAUSCH

FÜR DIE BEZEICHNUNG EINES RAUSCHES GIBT ES – JE NACH GRAD – UNTERSCHIEDLICHE WÖRTER UND STEIGERUNGSFORMEN:

SCHWIPS
RÄUSCHERL
DAMPF
SIRI
SURI
AFFN
ZINTARA
DRUM RAUSCH
MORDS DRUM RAUSCH
FETZEN-RAUSCH

RINGELNATZ

Der Schriftsteller Joachim Ringelnatz verfasste 1927 während eines Auftenthalts in Amberg ein Gedicht über die Vilsstadt:

„Ich möchte ein Hecht sein,
Recht bissig und schlecht sein,
Unter Wasser und stumm
In der Vils in der Pfalz.
Das Wasser dort hat kein Salz.
Die im Trüben fischen,
Würden mich bald erwischen.
Sie würden mich haun
Und spicken und kochen
Und mir dann vertraun,
Mich essen, verdaun,
Und nach Jahren und Wochen
Würde ich heilig gesprochen.
Man würde mich preisen.
Kein Gasthof zur Linken und keiner zur Rechten,
Ein mittlerer würde dann nach mir heißen:
‚Gasthof zum Hechten'.“

Tatsächlich existierte in der Georgenstr. 27 in den 1920er-Jahren ein Gasthof „Zum Hechten“, der Namensgeber für dieses Gedicht gewesen sein könnte.

MUNDART

SAA
sein

SAFFA
viel trinken

SCHBÜL
Spiel

SCHDAAD
still, ruhig

SCHDOODARA
Städter

SCHEPS
schief

SCHLOUFFA
schlafen

SCHNEECHAN
naschen

SCHÖI
schön

SCHOO
schon

SIEFERN
leicht regnen

Scheel, Mildred

Die Ärztin Dr. Mildred Scheel war mit dem ehemaligen Bundespräsidenten Walter Scheel verheiratet und gründete die Deutsche Krebshilfe. Sie machte 1950 das Abitur am Dr.-Johanna-Decker-Gymnasium in Amberg. Der Pop-Art Künstler Andy Warhol schuf eine Farbserigrafie mit ihrem Porträt.

SCHAFKOPF

In Amberg wurde 1895 das erste offizielle „Schafkopf-Büchlein" mit Schafkopfregeln aufgelegt. Seitdem hat das Schafkopfen in Bayern einen besonderen Beliebtheitsgrad erreicht und gilt als urbayerisches Kartenspiel. Ein Nachdruck des historischen Regelbuchs sowie ein neues Regelbuch mit Spielkarten und Münzgeldschälchen ist in der Tourist-Info der Stadt Amberg als Geschenk erhältlich.

→ BRUNZKARTER

SCHAFKOPF: „BLICK IN DIE HEIMAT“

„Ein im Nachhinein gesehen unglaubliches Glück hatte jetzt eine festetablierte Schafkopfrunde im Gasthaus Hubertus in Amberg-Nord. Vom Start weg wurden hintereinander 12 Solos gespielt, davon allein 7 Herz-Solos! 11 der 12 Solos wurden gewonnen, auch waren zwei angesagte Du (Durchmarsch) darunter. Die Wahrscheinlichkeit, dass vom Start weg 12 Solos hintereinander (!) gespielt werden, ist ca. 1 : 4,8 Millionen. Dies errechnete ein zufällig gleichfalls dort aufhältiger Mathematikprofessor aus der Universität Göttingen. Die Wahrscheinlichkeit, dass 11 von 12 gewonnen werden, ist aber nach Angaben des hohen Gastes noch seltener. Wir gratulieren.“

VON
→ HENSCHEID, ECKHARD (1988)

SAUERNE

Eine Spezialität der Oberpfälzer Küche sind die Sauren Bratwürste (in Franken Blaue Zipfel):

ZUTATEN

2l Wasser, 1/4 l Weinessig,
1 EL Salz, 1 EL Zucker,
10 Pfefferkörner,
6 Wacholderbeeren,
(1 Karotte in Scheiben)
5 ganze Nelken,
2 Lorbeerblätter,
5–6 Zwiebeln,
4 Paar Bratwürste

ZUBEREITUNG

Die Zwiebeln schälen und in Ringe schneiden. Alle Zutaten (ohne Bratwürste) in einen Kochtopf geben und das Ganze aufkochen, bis die Zwiebeln weich sind. Danach erst die Bratwürste in den Topf geben und ca. 20 Minuten auf kleiner Flamme ziehen lassen. Die Sauren Bratwürste mit etwas Sud und Zwiebeln und frischem Bauernbrot oder Spitzel servieren.

→ HUNDERTJÄHRIGER SUD / CAGE, NICOLAS

SANTIN

Früherer Name der Eisdiele am Marktplatz, jetzt „Campo“. Viele Amberger benutzen diesen Namen noch immer: „Treff' ma uns beim Santin?“

SCHUCHOMAT

Im Ortsteil Raigering steht vor dem Eingang der Metzgerei Schuch ein „Wurstautomat“. Rund um die Uhr kann man herzhafte Bratwürste, Steaks oder auch „Wurstgläser“ aus dem Automaten ziehen. Parkplätze vor der Tür.
Zum Redaktionsschluss dieses Buches waren folgende Sorten im „Schuchomat“ verfügbar:

BRATWÜRSTE / STEAKS / KÄSEGRILLER / WIENER / HAUSMACHER / STADTWURST / LEBERKÄSE / GERÄUCHERTES / BIERSCHINKEN / LYONER / TIROLER / GELBWURST / STREICHWURST / PRESSSACK / RINDERROULADEN / GULASCH / GLÄSERKONSERVEN

SCHÖNWERTH, FRANZ XAVER VON

gilt als der bekannteste Oberpfälzer Volkskundler. Er wurde am 16. Juli 1810 in Amberg geboren und starb als Franz Xaver Ritter von Schönwerth am 24. Mai 1886 in München.

In seinen Aufzeichnungen aus der Oberpfalz sind das bäuerliche Leben sowie zahlreiche Märchen und Sagen überliefert.

Jakob Grimm (1785–1863) schrieb über ihn: „Nirgendwo in ganz Deutschland ist umsichtiger, voller und mit so leisem Gespür gesammelt worden.“

2010 erhielt die Staatliche Realschule Amberg den Namen Franz-Xaver-von-Schönwerth-Realschule .

→ ROCKENFÜSSL

SCHIMPFWÖRTER

Wenn man nicht aus der Oberpfalz kommt, frisch nach Amberg zugezogen ist und die neuen Arbeitskollegen oder Freunde einmal dialektal schimpfen, so dass man kein Wort der bellenden Tiraden versteht, ist dringend Hilfe in Form einer Übersetzung nötig:

BETTSOICHL — *verweichlichter Mensch*

BLÄIDL — *dummer Mensch*

DOTSCH — *Tollpatsch*

FLÄINGGIRG'L — *Tunichtgut, leichtlebiger Mensch*

GLOIFFL — *Mensch ohne Umgangsformen*

LEFTUTTI — *Hanswurst*

MAALAFF — *Angeber*

PFLOUTSCH — *ungelenker Mensch*

SCHBRUCHBEIDL — *Sprücheklopfer*

SCHTOFFL — *wortkarger, ungehobelter Mensch*

SCHTÄISSL — *Grobian*

VRECKA — *freche, ungezogene Kinder / durchtriebener Mensch*

WASCHWEI — *geschwätzige Frau*

WEIWARA — *Weiberheld*

ZEEFAN — *Zicke*

ZUCHTL — *Sau*

ZWIEDAWUAZN — *unleidlicher, verhärmter Mensch*

SCH WARZ GELB

sind die traditionellen Farben der Stadt, abgeleitet aus dem historischen Stadtwappen.

→ **Wappen**

SCHULDEN

ENTWICKLUNG DER SCHULDEN DER STADT AMBERG:

1996
12.905.071,97 DM

2013
42.206.086,42 €

ENTWICKLUNG DER PRO-KOPF-VERSCHULDUNG:

1996
298,84 DM

2017
700 €

SCHULSTADT AMBERG

GRUND- UND MITTELSCHULEN

Grund- und Mittelschule Ammersricht
Albert-Schweitzer-Schule
Barbaraschule
Dreifaltigkeitsschule I
Dreifaltigkeitsschule II
Luitpoldschule
Max-Josef-Schule
Montessori-Schule

FÖRDERSCHULEN

Willmannschule Sonderpädagogisches Förderzentrum
Heilpädagogisches Zentrum Rupert-Egenberger-Schule

REALSCHULEN

Staatliche Realschule/Franz-Xaver-v.-Schönwerth-Realschule
Dr.-Johanna-Decker-Realschule
Städt. Wirtschaftsschule Friedrich Arnold

GYMNASIEN

Erasmus-Gymnasium
Max-Reger-Gymnasium
Gregor-Mendel-Gymnasium
Dr.-Johanna-Decker-Gymnasium

BERUFSBILDENDE FACHSCHULEN

Staatl. Fachoberschule
Staatl. Berufsoberschule
Staatl. Berufsschule
Staatl. Berufsfachschule für kaufmännische Assistenten
Berufsfachschule für Kranken- und Kinderkrankenpflege
Technikerschule der Berufl. Fortbildungszentren der Bayer. Arbeitgeberverbände
Landwirtschaftsschule, Abt. Hauswirtschaft

HOCHSCHULEN

Ostbayerische Technische Hochschule Amberg-Weiden

SONSTIGE

Volkshochschule
Ballettschule Winter (Amberger Institution),
Basementmusic im Musikomm
Klangwerkstatt
Tanzwerkstatt Amberg
Tanzstudio Haug
Tanzschule Schwandner

SCHWAMMERL

Der sogenannte „Schwammerl" (bay. „Pilz"), ist eine pilzförmig überdachte Aussichtsplattform für einen schönen Blick über die Stadt und ein beliebter Treffpunkt auf dem Mariahilfberg. (Lage: westlich der Kirche)

SCHWEINCHEN-BRUNNEN

Neue Amberger Sagen (4)

Offiziell ist der Schweinchenbrunnen auf dem Viehmarkt ein Werk des Amberger Künstlers Wilhelm Manfred Raumberger. Eine alte Sage erzählt aber eine andere Geschichte:

Vor langer Zeit trieben vier Brüder aus der Lederergasse regelmäßig in der Amberger Altstadt ihr Unwesen. Besonders in einem Wirtshaus nahe dem Viehmarkt zechten sie Nacht für Nacht und gebärdeten sich dabei so „säuisch", dass man sie bald die „Saubande" hieß. Am schlimmsten bekam die ungezogenen Zechbrüder eine hübsche Kellnerin zu spüren, die sich alsbald der Zudringlichkeiten der jungen Burschen kaum mehr erwehren konnte. Sie war aber eine alte Hex'! Nach ihren Gelagen – so beobachtete sie – tranken die Lumpen jedes Mal morgens aus dem Brunnen am Viehmarkt, um ihren Brand zu löschen. Eines Abends – um Johanni herum – verließ sie, während die Erzhalunken sich wieder besonders „säuisch" aufführten, heimlich das Wirtshaus und verzauberte mithilfe ihrer Hexenkunst kurzerhand das Wasser des Viehmarktbrunnens. Als sich die vier Brüder am Morgen nach durchzechter Nacht an der Quelle erfrischten, erstarrten sie plötzlich und verwandelten sich in vier bronzene Schweinchen. Bis heute harren die Brüder ihrer Erlösung und müssen erdulden, wenn kleine und große Kinder mit ihnen am Brunnen ihr lustiges Spiel treiben, während deren Eltern in den umliegenden Cafés und Gaststätten einen flotten Latte Macchiato schlürfen oder ein schönes Helles wegkippen.

Schwemm

Die „Schwemm" ist ein Nebenraum im historischen Schießl-Wirtshaus in der Unteren Nabburger Str. 8. Hier kam früher normalerweise keine Bedienung; man musste sich das Bier selber holen, das dann auch etwas billiger war. Beim Schießl gibt es auch noch eine Glocke neben einem Fenster im Hofdurchgang, die früher folgende Funktion hatte: Wenn man läutete, bekam man im mitgebrachten Krug sein Bier eingeschenkt und konnte es mit heimnehmen. Heute würde man sagen: Bier to go. Ob es heute noch funktioniert? Kann man ausprobieren.

SCHWESTER-STÄDTE

Zwar nie offziell bestätigt, aber stets gefühlt hat Amberg drei Schwesterstädte. Im Nord-Westen das nahegelegene (ca. 12 km) Sulzbach-Rosenberg, das den Ambergern als die kleine (ca. 20 000 Einwohner), aber durchaus pfiffige Schwester gilt, der man sich aber immer – schon rein quantitativ – ein bisschen überlegen fühlt. Anders im Nord-Osten, wo das etwa gleichgroße Weiden i. d. Oberpfalz (ca. 42 000 Einwohner) liegt. Die Stadt Weiden (ca. 40 km Entfernung) ist wie die Zwillings-Schwester, mit der man sich stets, aber weitgehend ergebnislos misst, wer nun die größere, reichere, erfolgreichere oder hübschere ist. Klar entschieden ist dagegen die Frage bei der stattlichen und strahlenden Boom-Schwester Regensburg (ca. 142 000 Einwohner) im Süden (ca. 66 km). Da fängt man erst gar nicht an mit dem Vergleichen!

SICHERES PFLASTER — UNSICHERES POLSTER

DER TREND SETZT SICH FORT: DIE ZAHL DER STRAFTATEN, DIE IN AMBERG VERÜBT WERDEN, SINKT. NUR DER SCHWERE DIEBSTAHL IN ODER AUS WOHNUNGEN STEIGT STARK AN.

SEILBAHN

Überhaupt sah man früher einer Zukunft voller Technik hoffnungsfroh entgegen, was eine Postkarte „Amberg in der Zukunft" persifliert (ca. 1850): Allerlei Luftfahrzeuge schweben da über der Stadt, sogar eine Seilbahn auf den Mariahilfberg und eine Straßenbahn sind zu sehen. Gebaut wurde die Seilbahn freilich nie.

STADT-BRILLE

Weit bekannt ist das Amberger Wahrzeichen, die „Stadtbrille". Von ihrer Entstehung erzählt folgende Sage:

Neue Amberger Sagen (5)

In der Langen Gasse wohnte einst der Baugeselle Matthias („Hias"), welcher sich in die schöne Tochter des Bürgermeisters verliebt hatte. Deswegen hielt er bei diesem um ihre Hand an. Der Bürgermeister aber wollte den nicht standesgemäßen Bewerber abwimmeln und stellte ihm eine schier unlösbare Aufgabe. Der Hias sollte zwischen Schloss und Zeughaus im Süden der Stadt innerhalb zweier Wochen einen „Gang über die Vils" erbauen. Erst dann bekäme er die Tochter zur Frau. Da der Hias mit dieser Arbeit freilich überfordert war, holte er sich in seiner Not Hilfe beim Leibhaftigen selber. Der Teufel bot seine Dienste an, forderte dafür aber einen Lohn. Also setzte er einen Vertrag auf, nach dem der Hias ihm seine Seele überlassen müsse, wenn innerhalb der vierzehn Tage ein Torbogen über der Vils errichtet sei. Das hübsche Mädchen vor Augen unterschrieb der Hias den Vertrag, und am nächsten Tag wollte der Teufel mit seinem Werk beginnen.

Die „Stadtbrille“ ist ein Teil der Stadtmauer über der Vils und besteht aus zwei Bögen, wobei der mittlere Pfeiler im Wasser steht. Sie ist 1454 als „Gang über die Vils“ erstmals erwähnt und verbindet das Amberger Schloss und das ehemalige kurfürstliche Zeughaus. Durch die Spiegelung der beiden Bögen im Wasser der Vils entstand im Volksmund der Name „Stadtbrille“. Sie ist eines der Wahrzeichen der Stadt. Der erst vor einigen Jahren wieder entdeckte dritte Bogen liegt seitlich „auf dem Land“ und grenzt an das kurfürstliche Schloss.

In der Nacht aber überredete der listige Hias den Beelzebub zu einem gewaltigen Zechgelage mit dem guten Amberger Bier, von dem der Teufel gar nicht mehr lassen wollte. Und so ging es Nacht für Nacht. Immer wenn der Teufel am Morgen dann mit dem Bau des Torbogens beschäftigt war, sah er wegen der nächtlichen Zecherei alles doppelt, so dass im Laufe der Zeit aus dem einen Bogen zwei Bögen über der Vils wurden. Als nach den zwei Wochen der Bau schließlich fertig war, verlangte der Teufel vor Ort die Seele des Hias. Der aber verwies auf den Kontrakt, demgemäß nur von einem Bogen die Rede gewesen war, und wollte seine Seele nicht hergeben. Der Leibhaftige begann daraufhin vor Wut zu kochen, bis er schließlich in die Vils einfuhr und darin verdampfte. Noch heute kann man in der Vils unter der Stadtbrille einen schwarzen Fleck erkennen. Der Hias aber bekam als Lohn für den Bau die Bürgermeistertochter und wurde zum Baumeister der Stadt befördert.

SEIFENBLASEN-TEDDY

Für viele ein prägendes Element im Amberger Stadtbild: Der Teddy an der Fassade des Spielwarengeschäfts Moedel bläst vorzugsweise an Wochenenden und bei schönem Wetter zur Freude aller seine großen, bunten Seifenblasen in die Fußgängerzone am Marktplatz. Er ist zwischen Ostern und Herbstbeginn im Einsatz und bläst pro Tag drei Flascherl in die Luft. Der Bär wird jedes Jahr ausgetauscht.

SPORTGRÖSSEN

KATHRIN FEHM, **1998*
Leichtathletin (ESV Amberg)
U20 Europameisterin 2017 + Weltrekord (4 × 100 m Staffel), Bronzemedaille über 200 m

CORINNA SCHWAB, **1999*
Leichtathletin (TV Amberg)
Deutsche U20-Meisterin 2017 (400 m)

HEIKE FUNK, **1968*
Triathletin (Triathlon Grassau)
Deutsche Meisterin Langdistanz 2002, Europameisterin 2017 (F 45–49)

ALEXANDER BUGERA, **1978*
ehemaliger Fußballbundesligaspieler (u.a. 1. FC Kaiserslautern), DFB-Pokalsieger 1998

PATRICK ERRAS, **1995*
Fußballbundesligaspieler (1. FC Nürnberg)

BERNHARD KEIL, **1992*
Eishockeyspieler (Eispiraten Crimmitschau)

STEFAN KELLNER, **1962*
ehemaliger Handball-Nationaltorwart (u.a. Frischauf Göppingen)

UWE SCHERR, **1966*
ehemaliger Fußballbundesligaspieler (u.a. 1. FC Kaiserslautern, Schalke 04)
DFB-Pokalsieger 1990, Deutscher Meister 1991

HEINER FLEISCHMANN, *1914 – 1963*
Motorradrennfahrer, Deutscher Meister, Europameister

FRITZ HILLEBRAND, *1917 – 1957*
Motorradrennfahrer, Weltmeister

SPE I.D.OPF.

GAST:
„Wou is nou da Michl?"

WIRT:
„Der is mit sei'm Schwoucha in spe unterwegs!"

GAST:
„Spe – wou is nou Spe?"

Die lateinische Phrase „in spe" bedeutet wörtlich „in der Hoffnung" und hat sich als Floskel in der Umgangssprache etabliert. Im Sinne von „voraussichtlich/bald/bevorstehend/zukünftig" findet sie im Alltag viele Anwendungen.

STROM

1882: *Erste batteriebetriebene Glühbirne*
1897: *Erste Stromleitung in die Stadt zu einem Wirtshaus in der Steinhofgasse*
1898: *zwei Wasserkraftwerke bei Netzermühle und Kunstmühle*
1911: *Geregelte Stromversorgung durch Kraftwerk Luitpoldhütte*

WIESO DAUERTE DAS SO LANG?
Die Stadt wollte keine Konkurrenz zur städtischen Gasversorgung für die Beleuchtung von Straßen, Häusern und Betrieben.

→ GLÜHBIRNE / LICHT

SPIELPLÄTZE

Lessingstraße
Piratenspielplatz
Burschenweg
Obere Angerstraße
Georg-Haider-Straße
Bürgermeister-Bartelt-Platz
Kräuterwiese
Raigeringer Straße
Sebastian-Kneipp-Straße
Von-der-Sitt-Straße
Dr.-Martin-Luther-Straße
Kolumbusstraße
Peter-Lippert-Straße
Hans-Thoma-Straße
Friedlandstraße
Jesuitenfahrt
Novalisstraße
Von-Scheffel-Straße
Bonhoefferstraße
Dammweg
Josef-Regner-Weg
Theodor-Heuss-Straße
Bad Bergzaberner Straße
Kräuterwiese
Hörburgerstraße
Frühlingstraße
Leonhardiweg
Eglseer Straße
Othmayrstraße
Kaiser-Wilhelm-Ring
Wastlleite

STADT NR. 655

Unter der NS-Herrschaft wurden die deutschen Städte durchnummeriert. Amberg erhielt die Nummer 655.

STADT-GRABEN

Die Stadtmauer war früher von einem Graben umschlossen, der zur Verteidigung mit Wasser geflutet wurde. Heute führt der Stadtgraben kein Wasser mehr, sondern ist als 3 km langer Spazierweg um die mittelalterliche Altstadt ausgebaut. In den Jahren nach dem Krieg gab es im Winter an der Vils einen gefluteten Bereich, der bei Minusgraden gefror und als Eislauffläche genutzt wurde. Im südlichen Bereich zwischen Nabburger Tor und Stadtbrille befindet sich der „Geschichtsweg der Stadt Amberg“. Als Naherholungsgebiet und Grüngürtel ist der Stadtgraben rund um die Altstadt einzigartig.

STADTGÄRTNEREI

Die Damen und Herren der Stadtgärtnerei pflegen im Jahr gut 590.000 qm Rasen- und Pflanzflächen. Das ist ganz schön beeindruckend. Viel beeindruckender ist aber, dass sie die dazu nötigen Pflanzen und Blumen ja vorher in den Gewächshausern ziehen müssen. Und zwar für den Frühling, den Sommer und den Herbst. Dazu werden sogar Gänseblümchen in Schalen angesät, dann als Pflänzchen vereinzelt und später einzeln gepflanzt.

VIER STADTTORE

*

NABBURGER TOR
VILSTOR
WINGERSHOFER TOR
ZIEGELTOR

*

Am Malteserplatz stand früher das Neutor, das im Jahr 1870 wegen Baufälligkeit abgebrochen wurde. Eine moderne Metallskulptur verweist heute auf den früheren Standort.

DIE STECKERL-WEIBER VON RAMMERTSHOF

Neue Amberger Sagen (6)

Ein Metzgerssohn aus Amberg hatte einmal um Johanni herum in Kotzheim zu tun und trat noch am Abend desselben Tages den Heimweg an. Über Viehberg und Fuchsstein kam er nach Rammertshof, da überraschte ihn der Nebel und er kam vom rechten Wege ab. Ratlos befand er sich in einem wilden Dickicht. Da hob plötzlich ein furchterregendes Klackern, ein wildes Gackern, Glucksen und Lärmen an und ein Brausen. Der Metzger aber bekam es mit der Angst und verbarg sich im Dickicht.

Durch die Blätter sah er zwei Schrazen des Weges kommen, sie gingen hurtig wie der Wind und lachten und scherzten und gluckten. Es fiel ihm auf, dass die Weiblein gar wunderlich gewandet waren: an den Waden hatten sie kurze, schwarze Hosen mit wunderlichen Mustern an den Seiten und am Leibe ebensolche bunte Kleider mit noch nie gesehenen Farben, die ihm die Augen blendeten. Um die Stirn hatten sie bunte Bänder gewunden, die ihre wilden Mähnen kaum bändigen konnten. Am meisten aber erstaunte ihn die Geschwindigkeit, mit der die beiden Gestalten sich fortbewegten: Mit Hilfe zweier metallener Stecken an den Händen rannten sie wie der Blitz durch die vernebelten Fluren. Und das Brausen und Lärmen wurde immer lauter.

Nun bekam es der Metzgerssohn noch mehr mit der Angst, es erfasste ihn ein Grauen, und er gelobte, den armen Seelen eine Messe zu lesen, wenn er heimfände und von den Irrwischen

verschont bleiben würde. Da entdeckten ihn die beiden Durln (Hexen) im Gebüsch, hauten mit ihren Stecken gar unbarmherzig drein und rannten hurtig auf ihn zu. In seiner Not packte der Bursche seinen letzten Proviant aus seinem Beutel – einen Ring Stadtwurst – und warf ihn den Schrazen vor die Füße. In demselben Augenblick wurde aus einem Weiblein eine Katze und aus dem anderen ein Pudel mit feurigen Augen, und beide verschlangen im Nu den Ring Stadtwurst und riefen: „Wok, wok, wok – grob oder fein – es muss nur eine Stadtwurst sein!" Daraufhin hüpften sie davon, die Nebelschleier lüfteten sich, es herrschte geheimnisvolle Ruhe, und der Metzgerssohn ward gerettet und lief heim in die Stadt.

Zu Haus angelangt erzählte er diesen Vorfall, und seine Erzählung ermutigte die Bürger zum Bau eines Denkmals in Form eines Stadtwurst-Rings. Indes, der Magistrat der Stadt lehnte sein Ansinnen ab und errichtete stattdessen ein Denkmal für zwei Fußballspieler (Miro+Poldi). Zur Strafe wurden die Bewohner der Stadt die schlechtesten Autofahrer im ganzen Land und brausen seitdem ununterbrochen um den Altstadt-Ring (sic!).

Die Steckerlweiber aber treiben noch heute ihr Unwesen in Rammertshof (Segelflugplatz) und martern die Leute, und man sollte deswegen immer einen Ring Stadtwurst (grob oder fein) bei sich haben, um diese zu besänftigen.

STADTTHEATER

Ein echtes Kuriosum ist die Geschichte des Amberger Stadttheaters. Die ursprüngliche Klosterkirche der Franziskaner verwandelte sich im Zuge der Säkularisation 1803 in ein weltliches Gebäude und wurde zu einem der schönsten Kleintheater Deutschlands im klassizistischen Stil. Nach dem Zweiten Weltkrieg sogar zeitweise mit einem eigenen Ensemble ausgestattet, präsentiert sich das Haus heute als ein bei den Ambergern und Künstlern beliebtes, technisch modernes Mehrsparten-Gastspieltheater mit angrenzender Gastronomie.

→ CASINO

BESONDERE STRASSENNAMEN

AN DER SCHWEMM
ehem. Pferdeschwemme
(Stelle, an der Pferde gesäubert
und getränkt werden konnten)

IN DER BRÜH
1478 als „Prüchgasse" erwähnt; Brüch=Hose

BATTERIEGASSE
ehem. Henkerbatterie

LIEBENGRABENWEG
Lehmgrubenweg

ZUM BRÜLLSCHLAG
Flurbezeichnung,
Brühl = feuchte, sumpfige Wiese

BRUNO-HOFER-STRASSE
Nach dem System von Bruno Hofer waren
die Klärteiche angelegt.

AM ANSCHUSS
früher Anschusshalle der Gewehrfabrik

AM KUGELFANG, SCHIESSSTÄTTEWEG
Militärschießstände

HEZILOWEG
Markgraf Hezilo besaß Karmensölden,
bis es ihm nach missglücktem
Aufstand 1003 entzogen wurde.

LOHWEG
Lohschütt der Rotgerber, „Lohhaufen"

PAINTGASSE
Flur bzw. Gasse durch die ehem. Feldflur
„Paint vor dem Vilstor"; Paint=Hütflur

RUOFFSTRASSE
Eugenie (1910) und Julian (1911) Ruoff
schenkten der Stadt jeweils 140.000 Mark.

TRIFTWEG
ehem. Trift für das Weidevieh
(vom Vieh benutzter Weg
zwischen Stall und Weide)

ZWÖLFERSTRASSE
Panzerbrigade 12

PHONETISCH INTERESSANTE STRASSENNAMEN

AN DER SCHWEMM
BALLHAUSGASSE
BÄRENZWINGER
FLEISCHBANKGASSE
FRAUENSCHANZL
FREISCHÜTZGÄSSCHEN
HABERLOCHGÄSSCHEN
HENKERBERGL
IM FRAUENTAL
IN DER BRÜH
KICKSTRASSE
KLEINHEINZSTRASSE
LIEBENGRABENWEG
LÖFFELGASSE
LÖWENWIRTSGÄSSCHEN
LÖWENTHALSTRASSE
MUNDFELDWEG
NOTBURGAWEG
PARADIESGASSE
PFAFFENLEITE
PHILOSOPHENWEG
SCHELMENGRABEN
SCHENKLSTRASSE
SCHLOTFEGERGASSE
STROMERGASSE
TANZHAUSGASSE
TRIEBSTRASSE
TURNERWEG
WALFISCHGASSE
ZEISIGGASSE
ZINNEBEIS
ZUCKERBÄCKERGÄSSCHEN
ZUM BRÜLLSCHLAG
ZUM GÖTTERHAIN

STADTTEILE
Stadtviertel

Industrie- / Gewerbegebiete

Dienstleistungszentren

BE RI
NEUBERN-RICHT
SCHWEIG-HOF
A
AMMERSRICH
KARMENSÖLDEN
LUITPOLD-HÖHE
NEU-MÜHLE
Wag-rain
SCHÄFLOHE
NEU-RICHT
UNTER-AMMERS-RICHT
FIEDERHOF
Berg
SPECK-MANNSHOF
EGLSEE
Eisberg
Katharinen-höhe
Fleury-straße
AMBERG *Altstadt*
Ma st
FUCHSSTEIN
Gewerbe-gebiet West
KEMNATHER-MÜHLE
GÄRBERS-HOF
Archiv
Kochkeller
Obere Hockermühle
Sebastian
LENGENLOH
ATZLRICHT
Industrie-gebiet Süd
Demo
GAILOH
Gewerbe-gebiet Gailoh

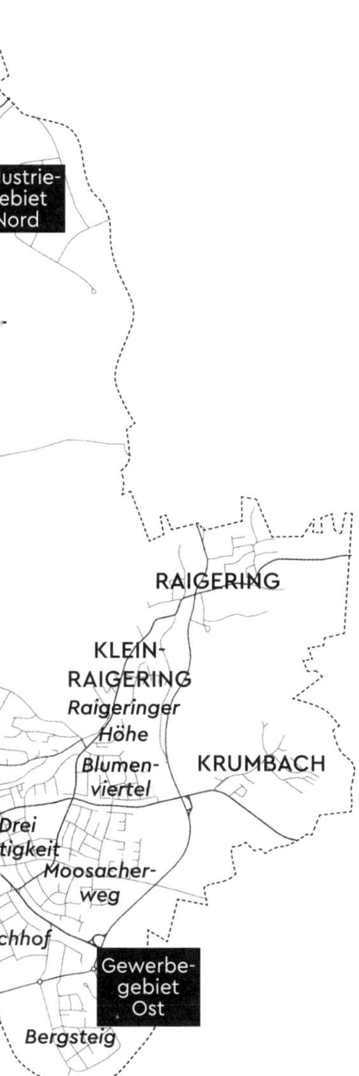

STADTWALD

Die Stadt Amberg besitzt 1.927,09 Hektar Wald. Davon sind 1.045,82 ha Stadtkammerwald, 715,77 ha Stiftungswald der Bürgerspitalstiftung und 165,50 ha Quellschutzwald der Stadtwerke.

ZUM VERGLEICH:

*

1.927 Hektar entsprechen ca. 2699 Fußballfeldern oder der Größe des 2. Wiener Gemeindebezirks Leopoldstadt.

*

Die Familie von Guttenberg in Deutschland besitzt etwa halb so viel Wald wie Amberg.

*

Prinz Ludwig von Baden besitzt etwa genau so viel Wald wie Amberg.

Thurn und Taxis besitzt zehnmal so viel Wald wie Amberg.

STOLPERSTEINE

Die „Stolpersteine" von Gunter Demnig sollen an die Opfer des Nationalsozialismus erinnern und die Orte sichtbar machen, an denen die Frauen, Männer und Kinder einst lebten, die im Dritten Reich ermordet wurden. Die Idee, auch in Amberg Stolpersteine für die Opfer des Holocaust zu verlegen, stammt aus dem P-Seminar Kunst am Gregor-Mendel-Gymnasium unter Anleitung des Kunstlehrers Achim Hüttner, finanziell unterstützt durch den Lions-Club Amberg. Insgesamt 15 Steine platzierte der Künstler an unterschiedlichen Stellen im Straßenpflaster der Stadt: Georgenstraße 5 (für Fanny und Karl Haymann), Georgenstraße 8 (für Erna Strauss), Löffelgasse 7 (für Gustav Springer), Regensburger Str. 3 (für Jakob Kirschbaum),Salzgasse 5 (für Adolf, Martha, Kurt Emanuel und Erna Fanny Zechermann), Schlachthausstr. 8 (für Paula, Rolf Herbert Leo, Siegfried und Ilse Gerda Funkenstein), Schlachthausstr. 12 (für Ernst und Rosa Bloch).

STADTVIERTEL Historische Einteilung der Altstadt in vier Viertel

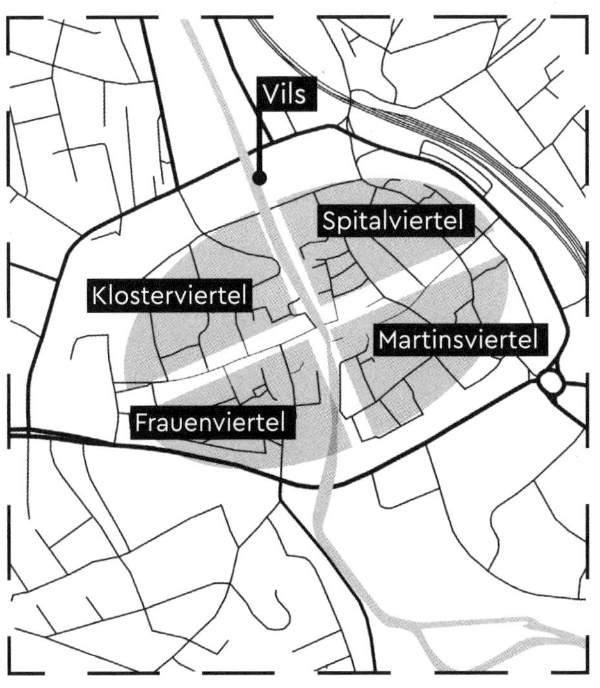

SIEMENS

Das „Siemens Gerätewerk Amberg" wurde 1948 errichtet und ist heute mit über 5000 Mitarbeitern der bedeutendste Arbeitgeber der Stadt. Das Amberger Werk gilt als Vorzeigewerk für die Fertigung 4.0 und ist als „Beste Fabrik Europas" und „Fabrik des Jahres" ausgezeichnet worden, was von oberpfälzischen Siemensianern meist nur mit einem trockenen „Basst scho!" kommentiert wird.

STILLE

WIESE AM BERG OBERHALB „SCHIMMEL-BAUER"

/

WIESE AM BERG OBERHALB AMMERSRICHT MIT SICHT AUF LUITPOLD-HÖHE UND ROSENBERG

/

KIRCHEN DER STADT (ST. GEORG, ST. MARTIN, SCHULKIRCHE, MARIA-HILFBERGKIRCHE)

/

PLATZ HINTER DEM MARIENHEIM

STIFTUNGEN

Die Bürgerspitalstiftung Amberg wurde 1317 von Kaiser Ludwig IV. gegründet und ist damit die älteste noch existierende Stiftung Deutschlands. Die Hauptaufgabe liegt in der Förderung der Altenhilfe.

Die im Jahre 1944 vom DEPRAG-Gründer Otto Carl Schulz ins Leben gerufene Stiftung fördert begabte und bedürftige Studenten/Studentinnen. Jedes Jahr werden an junge Menschen Stipendien vergeben, um ihnen eine akademische Ausbildung zu ermöglichen. Bewerben kann man sich direkt bei der Stadt Amberg.

TEUFERL AN DER TÜR

in der Fleischbankgasse 6

TITEL

FESTESTE FÜRSTENSTADT (1564)

„München sei die schönst', Leipzig die reichst' und Amberg die festeste Fürstenstadt!" Das hat Michael Schwaiger in der „Chronica Amberg" niedergeschrieben.

•

DURCHSCHNITTLICHSTE STADT DEUTSCHLANDS (2004)

Das Berlin-Institut für Bevölkerung und Entwicklung brachte es ans Tageslicht: Amberg ist die durchschnittlichste Stadt Deutschlands.

•

LUFTKUNSTORT (2009)

Durch diesen selbstverliehenen und einzigartigen Titel hat die Stadt Amberg ein Alleinstellungsmerkmal. Mit dem Luftmuseum und der Luftnacht wird dieser Titel auch mit Leben gefüllt.

•

PUFFSTANDORT NUMMER EINS IN DER OBERPFALZ (2012)

60 Arbeitszimmer auf 43.500 Einwohner

•

LIEBENSWERTESTE STADT DEUTSCHLANDS (2015)

Verliehen vom Onlineportal „Hotel.de", ermittelt durch eine Online-Abstimmung

•

GENUSSORT (2017)

Im Rahmen der Initiative „Premiumstrategie für Lebensmittel" des bayerischen Landwirtschaftsministeriums erhielt Amberg die Auszeichnung „GENUSSORT". Ausgezeichnet wurde die eigenständige kulinarische Tradition als „BIERSTADT AMBERG".

TELEPHONANLAGE

Am 01.12.1893 wurde die erste Telephonanlage eröffnet. Die Dienstzeiten des „Umschalte- und Nachrichtenbureaus" lagen zwischen 7 und 21 Uhr. 37 Anschlüsse waren als „Telephon-Abonnenten" geführt.

DARUNTER:
die Stadt Nürnberg
(Telephonnummer 1),
die Stadt Weiden
(Telephonnummer 2),
die königliche
Gefangenenstrafanstalt
(Telephonnummer 3),
der Stadtmagistrat
(Telephonnummer 4),
die Schmid u. Co.
Goldleistenfabrik
(Telephonnummer 5),
Hans Böes
(Amberger Volkszeitung),
Karl Grübler
(Amberger Tagblatt)
Gebrüder Baumann
(Email-Blechwaren).

TELEPHONANSCHLÜSSE IN AMBERG

1898: 37
1900: 53
1904: 104
1910: 271
1964: 4000+
1970: Fünfstellige Zahl, jährlich 10–15% plus
1972: Der Satz des Telefonbuches wurde mithilfe eines Computers hergestellt.

TENNIS

Von 1978 bis 1982 hat der TC Amberg am Schanzl fünfmal in Folge den Deutschen Meistertitel im Herrentennis errungen. 1998 konnte dieser Erfolg letztmalig wiederholt werden. Der TC Amberg am Schanzl wurde 1964 gegründet und gehört seit Mitte der 70er-Jahre zu den Spitzenclubs in Deutschland und Europa.

BEKANNTESTE SPIELER
Karl Meiler, David Prinosil, Petr Strobl, Jiri Novak, Norbert Henn, Reinhard Probst, Richard Vogel

---

TELEFON-VORWAHL
09621

TAGES-ZEITEN

IN DA FRÄIH
am Morgen, morgens

VOAMIDOOCH
Vormittag

MIDDOOCH
Mittag

NOUMMIDOOCH
Nachmittag

OUMD, OUMDS
Abend, abends

TYPOGRAFIE IN DER STADT

Nicht immer nimmt man die Schriftzüge an Häusern und Fassaden bewusst wahr. Trotzdem vermitteln sie einen eigenen Eindruck von einer Stadt. Viele davon verschwinden oft zu schnell, waren aber doch manchmal ein einprägsamer Bestandteil des Stadtbildes. Eine Auswahl von „Fassaden-Typografie" als Collage von aktuell bis historisch dokumentiert den Wandel der Zeit.

A. Eichermüller
Wäscherei Aures
APOTHEKE AUF DER WART
Bäckerei · Joh. Meyer
Bruckmüller Biere
OSCAR BERZL
Café & Rösterei
CITY GRILL
Cafe WICHTIG
EISCAFÉ CADORE
CAFE - DOBMEIER
Cafe - Bar
Carl Mayr
ELEKTRO PRECHTL
colomba
Frenzel
FORUM Ihr persönlicher Treff-
Ferd. Winkler
Gärtnerei Berr
Gaststätte zum Hubertus
Georg Brunner
Götz

Gaststätte
Götz Gustl
Gasthaus Obersdorferbrücke

Grimm
Gastwirtschaft Paul Beck.
KLAVIER HELM
HUBMANN
HUSSEL
HOSEN ZENTRALE
HOTTNER
HOLZ Jos. Lorenz KOHLEN
KinderReich

Kochlöffel

Kochkeller

KOPF

Löhner

LINCI
Gg. Weiß Metzgerei
MEIER'S IMBISS
Metzgerei Moosburger

Metzgerei
HUBMANN

METZGEREI
NEISWIRTH
METZGEREI BRANDL

PARK-THEATER
Pöllinger
renner
SIGI RENNER FRISEURE
SCHIRM
Schuh Wild
SPORT RAUMBERGER
ulla's laden
WIRTSHAUS
Schießl
WITT WEIDEN
Waffen Leberecht
ZIGARREN-BAIER
Paradies
OPTIK FOTO STOCK
Ring-Theater
Bergstüberl zum Schimmelbauer
THEATERGARAGE
WINKLER BräuWirt
Wild · Vaitl
1516
ZENTRAL
essen & trinken
Zeitler

Top–model

Im Jahr 2007 setzte sich die gebürtige Ambergerin (OT Raigering) Barbara Meier in der zweiten Staffel der Castingshow „Germany's Next Topmodel" gegen 16.000 Bewerberinnen durch und ist seitdem erfolgreich als Model und Schauspielerin beschäftigt. In einem Fragebogen der „Süddeutschen Zeitung" von 2012 berichtete sie über Stärken und Schwächen ihrer Heimatstadt und lobte dabei besonders den kombinatorischen Mehrwert des Amberger Kfz-Kennzeichens: Ohne das AM auf ihrem Autoschild könne sie ja schließlich keinen AM-OR fahren.

→ AUTOKENNZEICHEN, BELIEBTE

UFOSICHTUNGEN (JE 1X)

IN NEUMÜHLE

IN AMMERSRICHT, HIRSCHAUER STR.

IM DEMO, WICHERNSTRASSE

MOOSACHERWEG RAUSWÄRTS

UR-AMBERGER

Die ersten Amberger hinterließen gut 500 v. Chr. Grabhügel, über die heute die Georgenstraße führt. Auch aus christlicher Zeit fand man dort Reihengräber. In Kleinraigering gibt es Funde aus der Bronzezeit, am Eichenforst aus der Jungsteinzeit. Auf der Amberger Platte könnte sich eine Siedlung befunden haben. Jüngsten Forschungen zufolge könnten bereits um das Jahr 1000 v. Chr. Kelten an den Ufern der Vils gesiedelt haben.

UHREN-VERGLEICH

Die schöne Mondphasenuhr am Rathaus hängt dort erst seit 1920.

INSCHRIFT
Keines Menschen Geist hält den Lauf von Sonne, Mond und Sternen auf.

MUNDART

UIERLA
Ach du meine Güte!

UMSUNST
umsonst

UNBANDICH
sehr gut, super

UNGAMBBAD
unbeholfen unpraktisch

UMMADUM
rundherum

UNTE
hinunter

Vierzeiler

Sehr bekannt – in unterschiedlichen Versionen – ist der „Amberger Vierzeiler“, der Besonderheiten der Stadt beschreibt:

Wer hinter St. Martin geht und spürt keinen Wind,
wer durch die Lange Gasse geht und sieht kein Kind,
wer über die Krambrücke kommt ohne Hohn und Spott,
der hat eine b'sondere Gnad vor Gott.

*

Die „Lange Gasse" war früher wohl ein besonderer „Kiez" von kinderreichen Tagelöhner-Familien. Die Krambrücke war bis 1920 links und rechts mit Marktständen bebaut. Der Passant musste sich dort also auf Marktgeschrei und despektierliche Bemerkungen gefasst machen. Hinter der Basilika St. Martin, zwischen Markt- und Salzstadelplatz, ist es ständig windig bis stürmisch.

Dieser Reim ist mittlerweile schon etwas älter und die 2. und 3. Zeile sind nicht mehr aktuell, deshalb hier zwei neue Vierzeiler mit zeitgemäßen „Amberger Besonderheiten“:

Wer hinter St. Martin geht und spürt keinen Wind,
wer in der Amberger Zeitung keinen Schreibfehler find't,
wen der Altstadtring-Ampeldirigent leitet ganz flott,
der hat eine b'sondere Gnad vor Gott.

*

Wer übern Marktplatz geht und spürt keinen Wind,
wer einen Ring-Raser kennt, der nicht spinnt,
wer's vom Bergfest herabschafft – und das noch ganz flott,
der hat eine b'sondere Gnad vor Gott.“

*

VERHALTENSCODEX FÜR STADTRÄTE

Auf einer Tafel neben dem kleinen Rathaussaal steht geschrieben:

„Ein jeder Ratsherr, der da gaht
Von seins Amts wegen in den Rat,
Soll sein ohn alle bös Affekt,
Dadurch sein Herz werde bewegt
Als Freundschaft, Zorn und Heuchlerei,
Neid, Gunst, Gewalt und Tyrannei
Und sein durchaus ein gleich Person
Dem armen und dem reichen Mann.
Auch sorgen für die ganze Gmain,
Derselben Nutz betrachten rain.
Denn wie er richten wird auf Erden,
So wird ihn Gott auch richten werden
Am jüngsten Tag nach seinem Rat,
Den er ewig beschlossen hat.“

VERKEHRSANBINDUNG

BAB
AMBERG-NÜRNBERG-HEILBRONN (A6/E12)

BUNDESSTRASSE 85 UND 299

BAHNSTRECKE
NÜRNBERG-SCHWANDORF-REGENSBURG-PRAG

FLUGLANDEPLATZ SCHMIDGADEN

FLUGHAFEN NÜRNBERG (66 KM)

VERWECHSLUNG

Diese Verwechslung ist ein Klassiker: Bamberg statt Amberg. Schon so mancher Minister tappte treffsicher in dieses Fettnäpfchen. Auch wegen der Nähe zu Nürnberg wird Amberg außerhalb Bayerns gern für eine fränkische Stadt gehalten.

Laut einer Befragung des deutschen Touristikverbandes wird die Region Oberpfalz aber auch schon seit Jahrzehnten mit Wein und Rhein verbunden – klar: Pfalz = Oberpfalz. Besonders skurril ist aber diese Verwechslung, die ein Hamburger Nachrichtenmagazin im Heft 17 des Jahres 1967 für die Ewigkeit festhielt:

Heinrich Lübke, 72, Bundespräsident, empfing am vorletzten Mittwoch in der Villa Hammerschmidt 40 Parlamentarier aus zehn europäischen Ländern und den USA, die im Hotel Petersberg an einer viertägigen Konferenz über Entwicklungshilfe-Probleme teilnahmen. Nach der Ansprache begrüßte Lübke jeden Teilnehmer persönlich. Als ihm CSU-MdB Heinrich Aigner aus Amberg vorgestellt wurde, sagte der Präsident unvermittelt:

„Also aus Algier kommen Sie. Das sieht man ja.“

VEREINE

DIE ÄLTESTEN VEREINE MIT GRÜNDUNGSJAHR:

1832 Bürgerverein
1832 Casino-Gesellschaft
TV 1861 Amberg
1868 Freiwillige Feuerwehr
1871 Knappschaftsverein
1878 Fischereiverein
1884 Alpenvereins-Sektion
1897 Historischer Verein

VEREINE AUS DEM JAHR 1898/1904, DIE WIR SCHMERZLICH VERMISSEN:

VEREIN ZUR ERHALTUNG DES DEUTSCHTUMS IM AUSLAND

AKTUELL GIBT ES CA. 200 EINGETRAGENE VEREINE (E.V.):

A.K.T. Kunstverein Amberg
Amberg United
Amberger Bauernmarkt
Amberger Fremdenverkehrsverein
Amberger Klangkörper
Ambulanter Gerontopsychiatrischer Verband
Bayer. Fischerjugend des Landesfischereiverb. Bayern
Bayerisch-Griechischer Verein Philia
Bayerisches Jugendrotkreuz
BDKJ (Bund deutsch kath. Jugend) Amberg
Berglöwen
Bienenzuchtverein Amberg
Bridgeclub Amberg
Briefmarkenfreunde Amberg
BRK Amberg
BTTV Amberg
Bürgernetzverein ASAM
Bürgertreff Amberg
Cantus Ferrum
Clubfreunde Amberg
CVJM Amberg
D'Stoapfälzer
DJO (Deutsche Jugend in Europa)
Donum Vitae
DPSG (Deutsche Pfadfinderschaft Sankt Georg)
DPSG Ammersricht
Eine Welt-Laden
Elternschule
Europa Union
Evangelische Jugend
Fahrlehrer-Fortbildungs-Verein FFV
Förderverein Michael Mathias Prechtl
Förderverein Volkssternwarte Amberg-Ursensollen
Fränkische Chorjugend (DJD-Schulen)
Freiwillige Feuerwehr Ammersricht
Freundeskreis Perigueux
Gemeinschaft Maria Friedenskönigin
Hellas Amberg
Historischer Verein
Hospizverein
Hundefreunde Amberg
Iron Lions Amberg
IG Menschengerechte Stadt
Jalapeños Percussion
Johanniter
Jugendwerk der Arbeiterwohlfahrt Bayern
Kinderschutzbund
KirwAri e.V. – Kirwaverein Ammersricht
Kleingartenverein „Am Anger II"
Kleingartenverein An der Vils
Knappschaft
Kneipp-Verein
Kolpingsfamilie
Kuratorium für Dialyse und Nierentransplantationen
Lions
Luftmuseum
Marinekameradschaft „Windrose"
Maschinen- und Betriebshilfsring AS
Mehrgenerationenhaus Elternschule Amberg
Mieterbeistand
Mieterverein
Modelleisenbahnclub Amberg (MCA)
MRSC Amberg
Musikkapelle Amberg
Narhalla Rot-Gelb-Amberg
Ninos Freunde
Praeparatio
Projekt Orgel St. Martin
Red River Trail Crew Amberg 1968
Reha-Aktiv Verein für Gesundheits- u. Rehabilitationssport
Ring Dt. Pfadfinderinnen- u. Pfadfinderverbände
Rotaract Club Amberg
Rotary Club Amberg
RRC Quick Feet
Schädel-Hirnpatienten in Not
Schlaraffia „Am Eysenhammer"
Schützenjugend im Oberpfälzer Schützenbund
Selbsthilfegruppe Krebskranker Kinder
SG OG-Amberg-Gailoh
Solarverein
Sozialdienst katholischer Frauen
Sozialistische Jugend Deutschlands - Die Falken
Stadtjugendring Amberg
Stadtmarketingverein
Stadtverband der Kleingärtner
Stadtwache Amberg
Technik ohne Grenzen
THW-Jugend
THW-Ortsverband Amberg
Tierschutzverein
Trachtenverein Hoamatland
Verein für Gefäßerkrankungen
Verein für Körper- und Mehrfachbehinderte
Verein zur Förderung der Seelischen Gesundheit im Alter im Landkreis Amberg-Sulzbach und der Stadt Amberg
Weißer Ring
Zeugen Jehovas

SPORTVEREINE

ACA im ADAC
Athletic-Club Amberg
Backwood Singers
Bayerischer Landessportverband
Bayerischer Wald-Verein
Bergwacht
Box-Club-Amberg
Bushido Amberg
CIS Amberg
Dartclub Treffnick's
Deutscher Alpenverein Sektion Amberg
DJK 2002 Amberg
DNK SB Amberg
DJK Ammersricht
DLRG OG Amberg
ERSC Amberg
ESC Amberg
ESV Amberg
Erster PBV Amberg eV Poolbillard
Fischereiverein
FSV Gärbershof
Gut-Holz Bahnfrei Amberg
Handballgemeinschaft SGS/TV Amberg
Hundeschule Amberg
Ju-Jutsu Amberg
Kampfkunstschule
Kgl. priv Feuerschützengesellschaft
Kneipp-Verein Amberg
Kraftsportclub Amberg II
1. Modellflugsportclub Amberg
Modell Rennsport Club Amber
Musang Dojang
NAC Amberg
Oberpfälzer Waldverein Zweigverein Amberg e.V.
Reitclub Amberg
Ringer Club Bergsteig Amberg
Rock'n Roll Club „Schubidu"
1. Rock'n Roll und Boogie Woogie Club „Quick Feet Amberg"
RSC Amberg 1999 „Rolling Flash"
Schäferhundeverein Amberg-Gailoh
SC Germania Amberg
Schiedsrichtervereinigung
Schützengesellschaft Freischütz Karmensölden
Schützengesellschaft Hubertus Raigering
Schützengesellschaft Kleinraigering 1951
Schützengesellschaft Luitpoldhöhe
Schützengesellschaft 1890
Schützengesellschaft I und Tell
Schützengesellschaft Neumühle 1925
Skivereinigung
Sportkeglerverein
SV Inter Bergsteig
SV Raigering
Squampfis
1. Steel-Dart-Verein Amberg
Taekwondo- und Kickboxclub Amberg
Taekwondo-Club „Kobra"
TC am Schanzl
TTC Luitpoldhöhe
TV 1861 Amberg
Verein für Deutsche Schäferhunde Ortsgruppe Amberg
Wasserwacht
Wander- und Volkssportverein Amberg

Vils-Übergänge

NEUMÜHLER STRASSE AM13

EISENBAHNBRÜCKE

ERZBERGBRÜCKE

Obersdorfer Brücke

PFALZGRAFENRING

Brückerl im Englischen Garten

Fronfestgasse (und Brückenhaus)

LEDERERSTEG

Netzersteg

Georgenstraße Krambrücke

EICHENFORSTGÄSSCHEN MARTINSSTEG

SCHIFFBRÜCKE

Stadtbrille

Hängebrücke unter der Kurfürstenbrücke

KURFÜRSTENRING

Fußgängerbrücke an der Wingershofer Straße

BRÜCKE AM EISSTADION

Schanzlsteg

PÉRIGUEUX-BRÜCKE

Steg beim Drahthammer

VILS

Die Vils entspringt in Kleinschönbrunn bei Freihung im Landkreis Amberg-Sulzbach, fließt auf ihrer 87 km langen Reise durch Vilseck, Hahnbach, Amberg, Kümmersbruck, Rieden, Ensdorf und Schmidmühlen, bevor sie in Kallmünz in die Naab mündet. Sie verliert auf ihrem Lauf etwa 115 Meter an Höhe, was einem mittleren Sohlgefälle von 1,3 % entspricht.

VESUNA TURM

Der Vesuna-Turm ist eine begehbare Lichtskulptur des Etsdorfer Künstlers Wilhelm Koch und wurde ohne Auftrag und ohne öffentliche Mittel ausschließlich durch Sach- und Geldleistungen von Sponsoren (im Wert von ca. 125.000,- Euro) und Helfern der Region realisiert. Als Zeichen der deutsch-französischen Freundschaft erfolgte am 19.4.1996 die Übergabe des Gemeinschaftsprojekts VESUNA-TURM als Geschenk zu gleichen Teilen an die Städte Périgueux und Amberg. Das Vorbild, der „Tour de Vésone" aus der französischen Partnerstadt Périgueux, stammt aus dem 3. Jahrhundert n. Chr. und ist 24 Meter hoch.

SCHIRMHERR: Pierre Brice
IDEE, PLANUNG, REALISIERUNG: Wilhelm Koch
HÖHE: 18 Meter / DURCHMESSER: 3,60 Meter

→ WINNETOU

MUNDART

VAGÖLTSGOD
Vergelt's Gott! Danke

VAICH
Tier, Vieh

VOHEIAT
verheiratet

VODRUGGT
unehrlich, falsch

VOKAFFA
verkaufen

VÜL
viel

VRECKA
schlechte Person

VL
viel

VL ZFL
viel zuviel

VOSCHDEGGALAS
Versteck spielen

VORNAMEN

ODER: DARF'S EIN BISSERL MEHR SEIN?

Die meisten Kinder haben einen oder zwei Vornamen, die wenigsten mehr als drei. Die Kosten bleiben dabei gleich: Ob ein Kind bei der standesamtlichen Anmeldung einen oder vier Vornamen bekommt, spielt dabei keine Rolle – es kostet nicht mehr. Da kann man ja ein richtiges Schnäppchen machen!

JAHR 2014: Anzahl der Kinder mit einem Vornamen: 528 / mit zwei Vornamen: 653 mit drei Vornamen: 75 / mit mehr als drei Vornamen: 5

BELIEBTESTE VORNAMEN BEI JUNGEN

Rang	2017	2016	2015	2014	2013	2012
1	Lukas	Lukas	Maximilian	Paul	Maximilian	Alexander
2	Leon	Michael	Michael	Jonas	Alexander	Michael
3	Jonas	Maximilian	Paul	Maximilian	Michael	Andreas
4	Maximilian	Daniel	Alexander	Felix	Johannes	Lukas
5	Alexander	Luca	Felix	Ben	Julian	Jonas
6	Julian	Paul	Elias	Elias	Sebastian	Luca
7	Paul	Alexander	Sebastian	Finn	Andreas	Maximilian
8	Ben	Julian	Noah	Jakob	Jakob	Johannes
9	Noah	Leon	Thomas	Leon	Elias	Paul
10	Elias	Simon	Christian	Luca	Luca	Thomas

BELIEBTESTE VORNAMEN BEI MÄDCHEN

Rang	2017	2016	2015	2014	2013	2012
1	Lena	Maria	Marie	Emma	Marie	Marie
2	Emma	Marie	Anna	Leonie	Anna	Anna
3	Leni	Anna	Lena	Mia	Maria	Sophie
4	Anna	Lena	Maria	Marie	Sophia	Sophia
5	Sophia	Emma	Sophia	Anna	Emma	Maria
6	Mia	Sophie	Sophie	Emily	Lena	Luisa
7	Emilia	Katharina	Emma	Lena	Sophie	Emma
8	Marie	Leonie	Mia	Sophia	Leonie	Emily
9	Emily	Sophia	Theresa	Johanna	Mia	Lena
10	Johanna	Eva	Julia	Emilia	Franziska	Mia

WINNETOU

Als der Winnetou-Darsteller Pierre Brice – dessen Frau Hella Krekel in Amberg aufgewachsen und zur Schule gegangen ist – einmal das Amberger Bergfest besuchte, fragte ihn ein schon etwas gut bedienter Amberger:

„WINNETOU, WOU IS NOU DEI GAAL?"

(„Winnetou, wo ist denn dein Pferd?")

WAPPEN DER STADT AMBERG

Die Stadt Amberg führt ihr Wappen in einer seit dem 14. Jahrhundert überlieferten Gestaltung: Ein geteiltes Schild, oben auf schwarzem Hintergrund ein goldener (gelber), wehrhafter Löwe mit roter Krone, roter Zunge und roten Pranken; unten die blau-weißen bayerischen Rauten. Der Pfälzer Löwe steht für die frühere Zugehörigkeit der Stadt zur Kurpfalz, die (weiß-blauen) bayerischen Rauten für die Zugehörigkeit zu Bayern. Elemente aus dem Familienwappen der Wittelsbacher.*

** Die Oberpfalz oder Obere Pfalz bildete zur damaligen Zeit gemeinsam mit der Unteren Pfalz, auch als Rheinpfalz bezeichnet, die Kurpfalz.*

WALFISCH-HAUS

Nicht nur wegen des hervorstehenden Dachs und einer in der Hauswand hängengebliebenen Kanonenkugel ist das schwarz-weiße „Walfischhaus" (früher auch „Jonas-Haus" genannt) in der Löffelgasse 2 ein außergewöhnliches Haus in der Amberger Altstadt. Das einst vom Schwarzfärber Samuel Balthasar Hetzendörfer bewohnte Anwesen zeigt nämlich eine plastische Darstellung der biblischen Erzählung vom Propheten Jona, der auf seiner Schiffsreise von einem großen Fisch verschlungen und nach drei Tagen und drei Nächten wieder an Land ausgespien wird. Unter dem weit vorspringenden Dach wurden früher die gefärbten Stoffe zum Trocknen aufgehängt.

Die Geschichte von Jona und dem Wal wird in zwei figürlichen Darstellungen erzählt: An der linken oberen Ecke der Hausfrontfassade wird Jona vom Fisch verschluckt; es sind nur noch seine Beine zu sehen. In der rechten oberen Ecke spuckt der Fisch Jona dann mit ausgestreckten Armen wieder aus. Kommentiert wird die biblische Geschichte von zwei Tafeln auf der unteren Fassadenhälfte: links mit einer sagenhaften Gestalt, halb Frau halb Fisch, die andere zeigt einen behelmten Krieger. Der große Fisch, der Jona verschluckt, stand somit Pate für das „Walfischhaus". Der ausführende Künstler hatte aber wohl in seinem Leben an Land niemals einen Wal zu Gesicht bekommen; deshalb stellte er diesen einfach als übergroßen Karpfen dar.

Die besondere Färbung des Hauses besteht aus einer Mischung von Holzruß, Firnis und Bienenwachs. Nur die Fenster, die Rahmen ihrer Brüstungen sowie die Pilasterkapitelle und -füße blieben weiß, was für das Haus eines „Schwarzfärbers" auch recht zweckmäßig erscheint, denn ein heller Anstrich hätte sicherlich oft erneuert werden müssen.

INSCHRIFT AM

WALFISCHHAUS

ANNO 1592 S.B.H.

Wer sein Gut in diesen Jahren
vor Dieben kann bewahren,
nichts darf geben den Soldaten,
Gerichtsschreibern und Advokaten,
lebet gesund und hat treu's Gesind,
ein eigenes Haus, dazu sein Brot,
der sei vergnügt und danke Gott!

WEINANBAU IN AMBERG

Im 15. Jahrhundert wurde in Amberg auch in größerer Menge Wein angebaut. Die Rebflächen befanden sich u.a. am Mariahilfberg, Galgenberg, Eisberg und Erzberg. Zur Qualität des Weines liegen keine zuverlässigen Berichte vor.

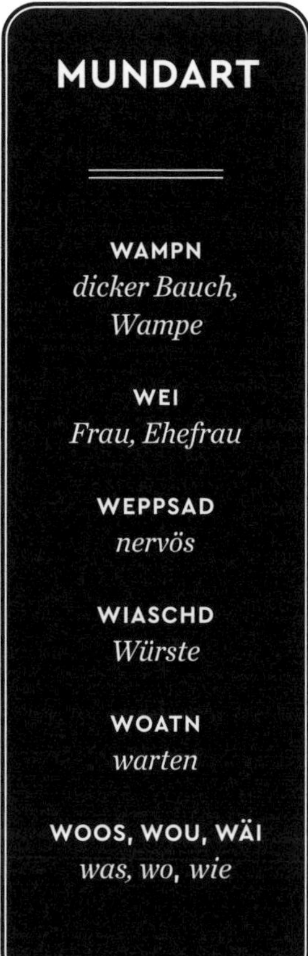

MUNDART

WAMPN
dicker Bauch, Wampe

WEI
Frau, Ehefrau

WEPPSAD
nervös

WIASCHD
Würste

WOATN
warten

WOOS, WOU, WÄI
was, wo, wie

Weihnachts-markt

Die erste Erwähnung eines Amberger Weihnachtsmarktes findet sich in der 1808 erschienenen Chronik des hiesigen Chronisten Joseph von Destouches. Er berichtet von zwei Märkten, dem „Nikolaimarkt“ und dem „Weihnachtsmarkt“, wobei er den „Nikolaimarkt“ zu den ältesten Märkten zählt. Bereits damals wurde dieser „auf dem Marktplatze vor und an der Pfarrkirche gehalten“.

In der Mitte des 19. Jahrhunderts scheint der Weihnachtsmarkt in Vergessenheit geraten zu sein. 1933 kann man der „Amberger Volkszeitung“ entnehmen, dass auf dem Marktplatz ein 16 Meter hoher Christbaum aufgestellt wurde, der von 140 Lichtern erleuchtet wurde.

In der Nachkriegszeit ging man an die Wiederbelebung des damals noch Christkindlmarkt genannten Weihnachtsmarktes. Er wurde vom 18. – 24.12.1948 auf dem Paradeplatz veranstaltet und umfasste 23 Buden. Im Sortiment fanden sich Kurz-, Süß- und Zuckerwaren sowie Punsch. 1950 beschwerten sich die Fieranten über die abgelegene Lage des Marktes und forderten eine Verlegung auf den Paulaner- oder Malteserplatz.

Da der Paulanerplatz in der Vorweihnachtszeit stark durch einen Geflügelmarkt genutzt wurde, genehmigte die Stadtverwaltung ab 1950 ein Marktgeschehen auf dem Schrannenplatz.

Auf Antrag der „Christkindlmarktgemeinschaft“ im Oktober 1953 fasste der Hauptausschuss des Amberger Stadtrates am 5. November den Beschluss, den Weihnachtsmarkt künftig auf dem Marktplatz und zwar – wie heute – entlang der Kirche St. Martin abzuhalten. Geöffnet sein sollte er ab 5. Dezember bis einschließlich des Heiligen Abends. In 16 Buden wurden Süßwaren, Textilien, Pantoffeln, Strümpfe, Spielwaren sowie heiße Würstchen und Punsch angeboten. Wie in den Jahren zuvor war traditionell der Glückshafen der Arbeiterwohlfahrt mit von der Partie.

1960 und 1961 waren von den neun städtischen Buden nur fünf besetzt. (Die Arbeiterwohlfahrt hatte ein eigenes Häuschen, ansonsten gab es heiße Würstchen und Süßigkeiten, Wurst- und Fischbrötchen, Schuhwaren, Spielwaren sowie Textilien und Strickwaren.) Daher beschloss der Hauptausschuss im Oktober 1961, dass der Weihnachtsmarkt ab sofort nicht mehr stattfinden werde. Aufgrund der massiven Einwendungen der Händler wurde der Weihnachtsmarkt in diesem Jahr aber noch ein letztes Mal abgehalten.

Der Weihnachtsmarkt in seiner heutigen Form lebte 1986 wieder auf und war direkt vor dem Rathaus aufgebaut. 1998 zog er auf seinen „alten“ Platz im Schutze der Martinskirche um und bietet seither neben einer entspannten Atmosphäre ein weihnachtliches Rahmenprogramm.

WACHSTUM DER STADT

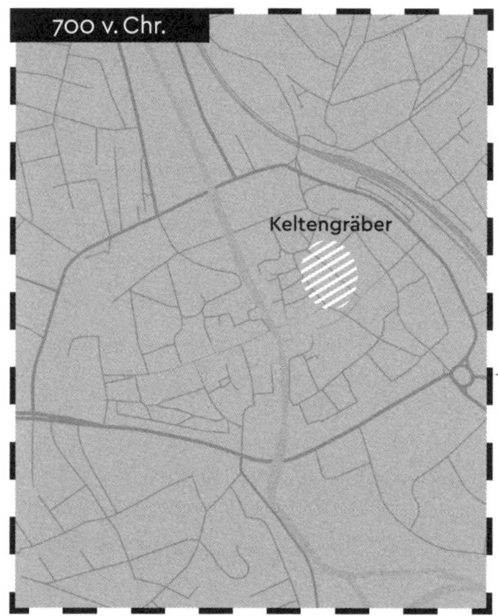

Die ersten Besiedlungsspuren gibt es nordöstlich des heutigen Marktplatzes. Jüngste Ausgrabungen haben nachgewiesen, dass man schon seit der Späthallstattzeit (ab etwa 700 v. Chr.) „in Amberg" siedelte. Die alten Kelten hinterließen Reihen- und Hügelgräber. Sie widmeten sich bereits der Eisenproduktion.

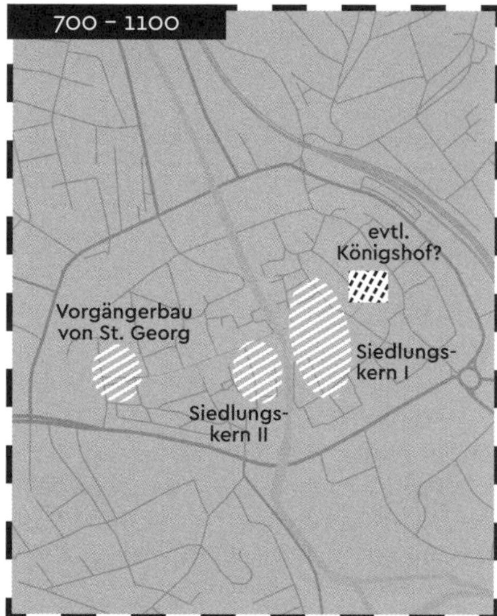

Im 8./9. Jahrhundert hatten sich links und rechts der Vils bäuerliche Siedlungen etabliert. Es wurde aber auch Handel getrieben und Eisen verhüttet. Vielleicht stand auf dem späteren Bürger-Spitalgelände ein Königshof (ein Wirtschaftsgut).

190 MIO JAHRE V. CHR. Über Amberg erstreckt sich das Urmeer Tethys. 50 km westlich vor der böhmischen Küste. Bewohner sind Ammoniten, Belemniten und Muscheln, einige Ichthyosaurier
150 MIO JAHRE V. CHR. Die Amberger Gegend hebt sich und wird zum sumpfigen Festland, durch das sich Canyons ziehen. Andauerndes Wechselspiel zwischen Rückkehr des Meeres und Trockenfallen der Amberger Gegend.
5 MIO JAHRE V. CHR. die Ur-Vils macht östlich um Amberg einen Bogen, erst vor etwa 3 Mio Jahren v. Chr. bricht sie zwischen Eisberg und Galgenberg durch. Es war wohl nur auf den Höhen möglich, Siedlungen und Straßen anzulegen, da die Vils für die Versumpfung der Niederungen gesorgt haben dürfte.
3500 V. CHR. treiben sich steinzeitliche Jäger in Amberg herum.
1500 V. CHR. Bronzezeitliche Grabhügel in Kleinraigering

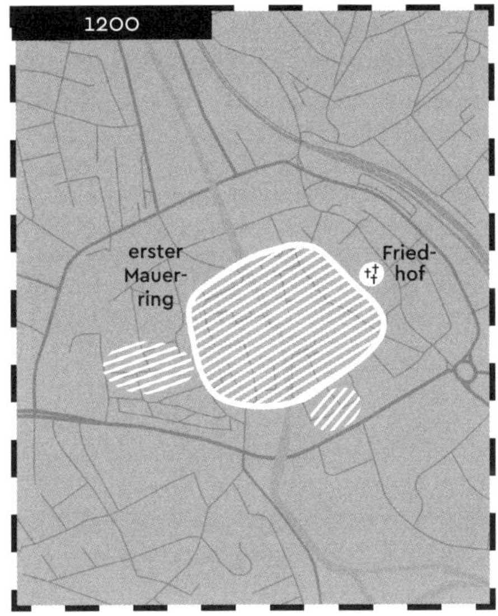

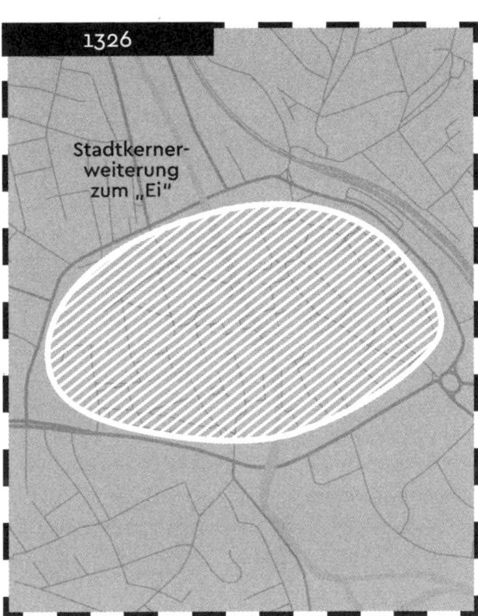

Ab dem Jahr 1326 erfolgte die Stadterweiterung, der Bau der heute noch bestehenden Stadtmauer begann. Das Amberger Ei blieb über lange Zeit unverändert – auch wenn außerhalb der Stadt z.B. am Wingertshof, bei St. Katharina und Dreifaltigkeit gebaut wurde.

Während des Dreißigjährigen Krieges wurde die Mauer um eine Wallbefestigung ergänzt, die Schanzen nach und nach weiter ausgebaut. Bis 1835 tat sich wenig. Danach verloren die Befestigungen ihren militärischen Sinn. Sie wurden zum Teil in Parks umgewandelt, teilweise verläuft dort die B 85.

800/700 V. CHR. Nachweis von früheisenzeitlicher Verhüttung auf dem Bürgerspitalgelände; keltische Grabstätten auch in der Herrnstraße.
300 V. CHR. – 500 N. CHR. Eventuell bricht die Besiedlung eine Zeitlang ab.
AB 500 N. CHR. kommen vermutlich die Baiern von Süden her in die Amberger Gegend.
700/800 N. CHR. Hinweis auf eine Siedlung, Eisenverhüttung, eventuell ein königliches Wirtschafts-Anwesen
1034 Erste urkundliche Erwähnung Ambergs
1094 Vorgängerbau von St. Georg
1144 Amberg ist ein Handelszentrum.
1269 Amberg wird wittelsbachischer Besitz.
1294 Bestätigung des Amberger Stadtrechts durch Herzog Rudolf
1317 König Ludwig der Bayer errichtet die Bürgerspitalstiftung.
1326 Stadterweiterung zum Amberger Ei
1329 Amberg wird kurpfälzisch.

Seit 2009 wird alle fünf Jahre das Schauspiel „Der Herbst des Winterkönigs“ auf einer Freiluftbühne zu Füßen der Mariahilfbergkirche aufgeführt.

Winter-
könig

◇◇◇◇◇◇◇◇◇◇◇◇◇◇◇◇◇◇◇◇◇◇◇◇◇◇◇◇◇◇◇◇◇◇

Dank seines schillernden Lebens und tragischen Scheiterns sticht Friedrich V. unter den gekrönten Häuptern, die in Amberg geboren oder getauft wurden, heraus.

Schon seine Taufe in der Martinskirche (06.10.1596) geriet zu einem prachtvollen Fest und zu einer politischen Demonstration des Calvinismus. Nachdem er seine ersten beiden Lebensjahre in der Vilsstadt verbracht hatte, zog der junge Pfalzgraf nach Heidelberg. Erst 1615 kehrte er zurück.

Beim Triumphzug durch eine Ehrenpforte und dem anschließenden Fest mit Scheibenschießen präsentierte Kurfürst Friedrich V. stolz seine Gattin, die englische Prinzessin Elizabeth Stuart. Die beiden bildeten damals DAS royale Traumpaar Europas. Die Stadt verdankte dem Besuch übrigens ein Palmhaus (im kurfürstlichen Schloß), ein Ballhaus (eine Art Sporthalle neben dem Wingershofer Tor) und das kurfürstliche Wagenhaus (ehem. Brauerei Schießl, heute Stadtarchiv).

Amberg wurde später zum politischen Brückenkopf nach Böhmen. Hier plante man die Übernahme der böhmischen Königswürde, hier endete der später so berühmt gewordene „Friedrichsritt", bei dem der Kurfürst in Begleitung zweier Läufer in nur 18 Stunden hoch zu Ross die Strecke von Heidelberg nach Amberg zurücklegte. Nur der übermenschliche Fritz überlebte die Strapazen. Freilich: Der Ritt war pure Propaganda.

Aber nicht nur die Amberger dürften von ihrem jungen Herrscher begeistert gewesen sein, als der mit einem beinahe 600 Personen und 100 Wagen umfassenden Treck nach Prag aufbrach, um das mächtigste Land im Reich in Besitz zu nehmen. Die kurze Herrschaft – sie dauerte nur einen Winter lang, daher der Spitzname „Winterkönig" – war ein einziges Desaster und endete in der militärischen wie politischen Katastrophe. Amberg hat Friedrich, der 1632 an der Pest starb, nie wieder betreten. Heute steht seine Statue vor dem Luftmuseum.

WEISS-WIESN

Die sogenannte Weiß-Wiese in Alteglsee ist im Winter eine beliebte Piste für Schlitten-, Bob- und Skifahrer. Zwar ohne Lift, aber stadtnah und nach Süden ausgerichtet, fährt es sich auf dieser inoffiziellen Rodelpiste wunderbar.

WEIZEN! NICHT WEISSBIER.

Weissbier und Weizen ist ein und dasselbe, aber in Amberg sagt man Weizen, im südlichen Bayern eher Weissbier. Das Weizenbier ist ein obergäriges Bier. In der Oberpfalz war schon immer Weizen (statt z.B. Gerstenmalz in Niederbayern) Grundlage dieses Getränks. Deshalb sagt man in Amberg: „Bring' ma doch a Weizen, bittschön."

WÖLFE

Nach dem Dreißigjährigen Krieg kam es in der Oberpfalz zu einer Wolfsplage, so dass aufgrund eines Gutachtens der Oberforstmeisterei in Amberg ab Ende 1650 große Wolfsjagden begannen.

Weißbierprivileg

Das so genannte „Weißbierprivileg" ist eine Weißbier- und Brauordnung und wurde am 26.10.1617 erlassen. Es erlaubte den Ambergern das Brauen des schon damals wie heute begehrten Weißbieres. Ausgestellt wurde es von dem in Amberg geborenen Kurfürst Friedrich V. von der Pfalz, der als Winterkönig in die Geschichte eingegangen ist. Die Original-Urkunde befindet sich heute im Besitz der Brauerei Winkler, ein passendes „Weißbier-Geschenkpaket" ist in der Tourist-Info erhältlich.

→ BIERSTADT / BRAUEREIEN

WILD VAITL

In der Amberger Kult-Kneipe „Wild Vaitl" am Viehmarkt gilt angeblich die ungeschriebene Tatsache:

„Ins Wild Vaitl kannst allaweil nei'gäi, dou bist imma da Schüinste und imma da Gscheidste." (nach S.M.)

YOUTUBE

Unter dem Suchbegriff „Amberg" finden sich am 28.08.2017 etwa 69.800 Ergebnisse. Zum Vergleich: Sulzbach-Rosenberg: 10.200, Regensburg: 441.000, München: 4.830.000, Berlin: 22.100.000, New York: 53.400.00 – Da heißt es: dranbleiben!

ZARIN

Am 15. Januar 1819 reiste Elisabeth Alexejewna, die Gemahlin Zar Alexander I. und somit russische Kaiserin, durch Amberg.

ZEITUNGEN

AMBERGER ZEITUNG:
Ab Juni 1868 gab die Regensburger Firma Pustet die "Amberger Volkszeitung für Stadt und Land" heraus. Das war sozusagen die Geburtsstunde der "Amberger Zeitung", die nach dem Krieg von der US-Militärverwaltung am 2. Oktober 1948 eine eigene Lizenz erhielt und bis heute zum Verlagshaus „Oberpfalz Medien" in Weiden gehört. Im Jahr 2018, dem Jahr des 150-jährigen Jubiläums, beschäftigte die „AZ" 15 Redakteure, 400 freie Mitarbeiter und 280 Zusteller, die ab 2 Uhr morgens unterwegs sind.

AMBERGER VOLKSBLATT:
Am 23.11.1949 erschien nach dem Krieg erstmals das "Amberger Volksblatt", das Mitte der 1970er-Jahre an die "Mittelbayerische Zeitung" in Regensburg verkauft und von 1995 bis 2005 als „Amberger Nachrichten" verlegt wurde. Seit 2005 als „Mittelbayerische Zeitung für das Vilstal und den südlichen Landkreis Amberg-Sulzbach" betitelt.

AMBERGER TAGBLATT:
Gegründet am 1.1.1851, am 31.10.1933 von den Nationalsozialisten gleichgeschaltet und letztmals unter diesem Namen erschienen.

NEUE AMBERGER NACHRICHTEN:
Von 1953 bis 1955 existierte mit den „Neuen Amberger Nachrichten" sogar eine dritte Zeitung in Amberg.

WOHIN, WENN MAN MAL MÜSSEN MUSS?

WC im Rathaus/Herrnstraße
WC im Vilstor
WC am Kurfürstenbad

ZELTEN AM RING

Der Grund für die mittlerweile üppige Gestaltung der Kreisverkehre in Amberg liegt einige Jahre zurück. An einem Sommerabend im August 1987 traute eine Polizeistreife ihren Augen nicht: Im großen Kreisverkehr am Nabburger Torplatz stand tatsächlich mitten im Rasen ein Zelt. Als die Polizeistreife stoppte und das verschlossene Zelt öffnete, fanden sie darin zwei schlafende Landkreisbewohner, die ihren Rausch ausschliefen. Sie mussten ihr Zelt abbrechen und wurden des Platzes verwiesen. Damit das in Zukunft nicht mehr passieren sollte, wurde beschlossen, alle zukünftigen Kreisverkehre so zu gestalten, dass Zelten nicht mehr möglich ist.

ZITZELSPERGER, JOSEF

Aus dem Tagebuch des Josef Zitzelsperger (14.04.1824 – 18.10.1883), Lehrer in Amberg, später Kreisschulinspektor der Oberpfalz

→ BERGFEST ANNO 1849 / MALTA

WURSTBUBEN

Acht Tage lang dreht sich jetzt das Amberger Leben um eine Bratwurstachse. Die Bratwurstperiode ist nun da, glückliches Amberg! Wo gehen Sie hin? Auf den Berg zu den Bratwürsten. Hast Du schon Bratwürste gegessen? Wo giebt es denn die besten? Andere Fragen hört man nicht. Schon seit acht Tagen hat ein allgemeines Bratwurstlieben die guten Amberger ergriffen. Sie vergessen ihr bißchen Politik und das Regensburger Tagblatt, ihr Kühvieh und ihren Dreck. Und welch ein Bild entfaltet sich auf dem Welttheater der Bratwürste. Wie erhaben und gemüthlich ists: des Lebens Bratwurstreiz mit Wehmut zu genießen im Schatten dummer Denkungsart, wo Andacht sich mit Bratwurst paart! Dieses Fest hat eine fromme, religiöse Tendenz und darum möchte ich es keinem anrathen, es in Gegenwart eines Ambergers anzutasten. Aber Bratwürste mit religiöser Tendenz zu essen und aus geistlicher Anmuthung Bier dazu zu trinken, ist doch unglaublich! ... Es praßelt und zischt und raucht und siedet und die frommen Bratwürstlein auf dem glühenden Roste riechen weit lieblicher und einladender, als weiland der hl. Laurentius, der auch in Rücksicht des Rostbratens ein Kollege von ihnen den tausenden von Opfern canibalischer Eßwuth ist. Die Wurstbuben, ein Institut, das München nicht einmal besitzt, laufen und rennen mit rothglühenden, rauchigen Gesichtern und schmutzigen Schürzen wie wahnsinnig von Bude zu Bude, um Geschäfte mit den Bratwürsten zu machen, oder die Bratwurstbegierden zu befriedigen.

* * *

MOILA

Was sind die hiesigen Mädchen
für kokette unnatürliche
Putzdocken, unausstehlich.
Jedes gesunde Mannesherz
muß sich bei dieser Ziererei empören.

* * *

Abends 6 war ich schon im Bürgerverein,
denn ich wollte nicht zu spät kommen, da ich mit dem
schönsten Mädchen auf den ersten Walzer engagirt war.
Bald füllte sich der Saal mit Masken, darunter, die meisten, Nonnen.
In schwarzer Wichs mit weißen Glacehandschuhen,
rosenfarber Laune begab ich mich auf denselben.
Der Saal war glänzend beleuchtet, und im hellen Schimmer
funkelten die Uniformen, die weißen Ballkleider der Damen.
Die Blüthe der Amberger Damenwelt war versammelt,
wirklich recht viele hübsche und sogar sehr schöne Mädchen.

* * *

NATURELL

Amberg ist (ein) Dorf in dieser Beziehung,
die Bürger so stolz erbärmlich
ungebildet, leidenschaftlich und roh,
wenige ehrenvolle Ausnahmen.

* * *

JESUITEN

Das ultramontane, jesuitische
Sklavengesindel treibt es hier arg.

* * *

ZOO

Gab es in Amberg tatsächlich einmal, allerdings einen sehr, sehr kleinen. Bis in die Mitte der 70er-Jahre hinein trafen sich die Amberger Familien sonntags gerne im ***„Lustgarten Alafberg"*** *am Mariahilfberg. Dort konnten die Kinder Papageien, Affen, Ziegen, Esel, Pfauen und sogar einen* ***Bären (Spitzname „Ala")*** *bestaunen oder sich auf Schaukel und Karussell vergnügen, während die Eltern auf der Terrasse Berliner Weiße zischten und den Blick auf Amberg genossen. Dass der letzte Inhaber Emil Alafberg während der NS-Zeit als SS-Obersturmbannführer eine ziemlich unrühmliche Rolle eingenommen hatte, interessierte Tiere wie Kinder dabei nur am Rande.*

MUNDART

ZAACH
zäh

ZAGLN
zappeln

ZAMM
zusammen

ZAPFIG
kalt

ZEICH
viele Sachen

ZERSCHD
zuerst

ZFOUSS
zu Fuß

ZOLN
zahlen bitte

ZODLN
ungepflegte lange Haare

ZWENGS
wegen

ZUZELN
aussaugen

ZU GUTER LETZT

WAS ES IN AMBERG ZWAR GIBT ODER GEGEBEN HAT, WAS ES ABER – ANDERS ALS IN ANDEREN STÄDTEN – NICHT ZU INTERNATIONALER BEKANNTHEIT GEBRACHT HAT:

WURST → WIEN
SANDWICH → HAMBURG
KINDL → MÜNCHEN
KÜCHE → FRANKFURT
KLASSIK → WEIMAR
PORZELLAN → MEISSEN
WOCHE → KIEL
PROZESSE → NÜRNBERG
ALLERLEI → LEIPZIG
PUPPENKISTE → AUGSBURG
CHRISTSTOLLEN → DRESDEN
WEIHNACHTSMARKT → NÜRNBERG
WALD → WIEN
LUFT → BERLIN
ABER: LUFTMUSEUM → AMBERG!

NACHWORT
VON ECKHARD HENSCHEID

Die durchschnittlichste?
Die allerzentralste!
Die Stadt Amberg steht
praktisch für das Abendland.

Einer frühen Ahnungsspur folgend habe ich die Sache schon als Heranwachsender einmal ausprobiert, neudeutsch: empirisch verifiziert. Wenn man mit einer Zirkelspitze im Atlas in meine Geburtsstadt Amberg sticht und einen Kreis von umgerechnet 1.500 Kilometern Radius beschreibt, dann umhüllt eben dieser Kreis das gesamte alte und soweit bekannte und christliche Abendland. Das prädominant christkatholisch-humanistische Abendland als tatsächlich sehr kreisförmige Dimension weit vor der Europawerdung und der ohnehin mehr minderwertigen Globalisierung:

Der Kreis rund um Amberg (OPf.) führt gegen den Uhrzeigersinn von den Göttern des Olymp und den Rednerschulen Athens über den Hellespont, er streift die altrussisch goldenen Kuppeln Kiews und seines Höhlenklosters, er erreicht Eremitage und Wasserkunstspiele von Sankt Petersburg, führt über Norwegens Fjorde, die gesamte Insel England samt Irland glatt umschließend neigt er sich zurück auf Kastilien und Andalusien zu, sieht von oben die Alhambra von Granada und den zentralabendländischen Escorial, er tangiert noch die multiple Opernhochburg Sevilla, desgleichen die gartenkunstreichen Balearen in ihrer Gesamtheit; und mündet über Sizilien und seine antikischen Tempelsäulen sowie seine normannisch-byzantinisch bourbonischen Kathedralen hinweg wieder am Peloponnes bei Olympia; unerwähnt weiter einschließlich selbstverständlich auch die abendländischste Kultur des Abendlands, das antike Rom Romulus' und Ben Hurs gleichermaßen wie das römisch-katholische Karol Woitylas.

Und dieser ganz offenbare Mittelpunkt der abendländischen Welt, Amberg also, der soll nun laut einer Erhebung des ZDF-Morgenmagazins bzw. des dahinter stehenden „Berlin Instituts für Weltbevölkerung und globale Entwicklung" die (s. Süddeutsche Zeitung vom 3.9.04) „durchschnittlichste Stadt Deutschlands" sein, so stand es dann in allen Zeitungen.

Bereits auf den ersten Blick und Verdacht hin wird klar, dass es sich hier um eine ziemliche, ja unziemliche begriffliche Sorglosigkeit, um Begriffsschlamperei, um Begriffsverwechslung handeln muss. Denn die Begründung des kuriosen und offenbar recht hauptstädtisch-neuartigen Berliner sog. Instituts läuft darauf hinaus, dass eigentlich nicht die „durchschnittlichste" gemeint war, sondern, halbwegs soziologisch-wissenschaftlich und im Sinne Max Webers gesprochen, die „idealtypische" Stadt, vielleicht auch die „repräsentative"; im Forschungsauftrag ist auch von der „typisch deutschen Stadt" die Rede, nach der der Rechner betreffs „Wirtschaft, Demografie und Bildung" recherchieren soll – und damit kommen wir der g'schlamperten Sache immerhin schon ein bisschen näher:

Denn „durchschnittlich" ist in Amberg – ich muss es als ein dort im Prinzip seit 63 Jahren Ansässiger ja nun wirklich wissen – durchschnittlich ist in Amberg schon mal: gleich gar nichts. Nicht der physiologisch-physiognomische, um nicht zu sagen rassische Grundtypus, der sich vom gewöhnlichen und vor allem vom berlin-preußischen Schrumpfgermanen durch hochrelevante Abweichungen auszeichnet, Deklinationen hin zum leicht Mongoloiden einerseits, zum Tuareg-Beduinenhaften, ja irgendwie Semitischen andererseits. Keineswegs „durchschnittlich" ist in Amberg auch die repräsentative IQ-Höhe samt der damit kausalkorrelierenden Führerscheindurchfallquote, welche nach meinen Unterlagen bloß noch von den Bayerwaldlern aus der Cham-/Further Gegend und von den Südbadensern aus der Region Iffezheim in den Schatten gestellt wird.

Die Kultur aber im noch engeren Sinn? In Amberg komponierte um die Jahrhundertwende der aus Weiden-Brand herrührende Max Reger nach dem Genuss von 70 Halben Bier (Aussage: sein Freund Jean Grosch) das führende Marienlegendenlied des 19. Jahrhunderts, „Maria sitzt am Rosenhag", das mit seinen raffinierten Tonartmodulationen und enharmonischen Wechseln selbst ohne die 70 Halben keineswegs „durchschnittlich" wäre. Aus Amberg stammt der gewaltigste Scharfschütze des deutschen Nachkriegsfußballs, der Amateurnationalmannschaftsmittelläufer Rudolf Meßmann, dessen im Augsburger Rosenaustadion gemessener Schuss von 142 Stundenkilometern noch heute führend dasteht – und welcher Messmann denn auch in Sepp Herbergers Berner 54er-Team gelangt wäre, denn er war der „führende Kopfballspieler Europas" (Jupp Posipal), hätten ihn nicht allzu oft genossene 70 Halbe Bier daran gehindert; jedenfalls kann sich noch heute kein „Bomber" Müller und nicht einmal ein „Hammer" Nickel mit diesen 142 km/h messen. Amberg stellt ferner mit Heiner Fleischmann und Fritz Hillebrand zwei Motorrad-Europa- und sogar Weltmeister; sodann mit seinem Tennisclub TC am Schanzl nicht allein den deutschlandweit erfolgreichsten Verein der Nachkriegsgeschichte, sondern mit Karl Meiler auch den bisher einzigen Tennis-Weltmeister (im Herren-Doppel) – Durchschnitt also?

Nun kann man sich natürlich ganz generell darüber wundern, was das für eine komische Berliner Wissenschaft ist, die da in ihrem unermesslichen empirischen Drange sich daran macht, ganz offensichtlich unvergleichbare soziale Quanten wie Berlin, Castrop-Rauxel, Köln, Amberg, Ratzeburg, Leipzig und Freilassung miteinander zu vergleichen und nach dem Kriterium „Durchschnitt" zu erfassen. Zumindest der Hauptstadt Berlin ist Amberg eh ja evident überlegen; nämlich ebenso abendländisch wie eben überdurchschnittlich in praktisch jedem Betracht:

Stolz erfuhr Amberg schon um 1950, dass seine Bahnhofswirtschaft den besten Schweinebraten zum preiswertesten Preis aufzubieten habe. Schon kurz darauf wusste die Stadt Amberg, dass sie die in Bezug auf Taxifahrermorde damals bundesrepublikanisch führende Dichte für sich reklamieren durfte. Aus Amberg kam 1965 eins der ersten „Playboy"-Playmates so wie ein paar Jahre später die erste deutsche Softporno-Kinodarstellerin. Sie stammte übrigens genau von jenem Gymnasium, an dem wiederum der Verfasser dieses Essays selber 1956 den heute noch gültigen bayerischen, wahrscheinlich abendländischen Rekord aufstellte: Drei Einser in drei Haupftfächer-Schulaufgaben (Deutsch, Mathematik, Religion) an einem einzigen Tag!

Gewiss, schon bald darauf wurden des Rekordhalters superieure schulische Leistungen wieder deutlich mäßiger, ja maßlos medioker – aber das ist ja eben das Einzigartige, Anti-Durchschnitthafte an dieser Stadt, an ihrem Sein, ihrem Wesen, ihrem Trachten: Einerseits hielt die Stadt Amberg über genau zwanzig Jahre, vom 27.7.1983 bis zum 5.8.2003, mit 40,2 Grad Celsius den deutschen Hitzerekord; andererseits war es 1985 und 2001 mit 25 bzw. 26 Grad minus auch schon mal eindrucksvoll kalt. Zum einen stammt aus Amberg das reichlich heimatselige, ja nationalsozialistisch blut- und bodendurchtränkte Volksstück „Amberger Blut" (vielleicht als Konter zu Wagners „Meistersinger von Nürnberg"); zum anderen resultiert aus Amberg aber auch aus der Feder von Georg Forster das überprovinziell-europadimensionierte Madrigal und spätere Volkslied „Innsbruck, ich muss dich lassen" von 1593. Jawohl, einerseits hatte in der Oberpfalz-Metropole, in der heute noch häufig sogenannten heimlichen Hauptstadt der Oberpfalz, das erwähnte Softporno-Wesen seinen schon erfreut gestreiften Ausgang; andererseits hat in Amberg der brave Winnetou Pierre Brice einst seine Frau fürs Leben gefunden („Jetzt bin ich ein Amberger"); ja im Grunde waltet in Amberg und 10 Kilometer um es herum eine so gewaltige Frömmigkeit, dass auch Ludwig Thomas Filserbriefe etwas davon spitzgekriegt haben und nämlich davon berichten, dass „der heulige father in Rom" zur Anheizung des Wahlkampfs und seiner Zentrumspartei „fürzen zändner schmailzler (Schnupftabak) nach ambärg geschickt" hat.

Während Oscar Panizza in seiner Erzählung „Wallfahrt nach Andechs" von einer besonders weitgereist tapferen Pilgergruppe aus Amberg Erwähnung macht. Und Jakob Wassermann im Zirndorf-Roman mitteilt, in der fränkischen Kleinstadt unterhalte man sich am liebsten darüber, was in China los sei und was der Amberger Pfarrer von der Kanzel heruntergebelfert habe.

Durchschnitt? Ja, aber nur dann, wenn man ihn mit heute durchschnittlich kurrenter Weltoffenheit, Globalität, Multikulturalität in Koalition bringt. Damals, vor hundert Jahren, ragte Amberg geradezu einsam pionierhaft, im Sinne der heutigen Parallelgesellschaften visionär! Darum ja auch die vielen Neger im Alltagsbild von Amberg. Die ja vielleicht schon gar zu vielen Neger ...

Durchschnitt? Durchschnittlichkeit? Möge Amberg nun also tatsächlich das durchschnittlichste Bruttosozialprodukt aller deutschen Städte, das durchschnittlichste Urlaubsausgabenbudget aller Bürger, die durchschnittlich gleichmäßigste Zuwachsrate beim allgemeinen Dummdaherreden aufweisen: Es ist dies sonst eine extrem exponiert überdurchschnittliche Stadt, die vielleicht sogar futuristischste im sonst mehr langweilig-behäbigen Schröderdeutschland mit seiner dämlichen Hauptstadt Berlin und ihren noch viel törichteren Instituten für Weltbevölkerung und Schwindelnachrichten. Und es bleibt auch bei meiner frühkindlichen Ahnung eines besonders kernabendländischen Zerebralzentrums: Es kann kein Zufall gewesen sein, dass, wovon mir meine Informanten erst die Tage Mitteilung machten, der Verfasser der sog. Schedelschen Weltchronik von 1493, Hartmann Schedel, später von Nürnberg nach Amberg umzog; ganz offenbar, um damit erst so ganz und gar im innersten Mittelpunkt der damals (bereits seit einem Jahr inklusive Amerika!) soweit bekannten Welt zu sein.

Und außerdem gibt es in Mimbach/Mausdorf bei Amberg auch noch die weltweit überdurchschnittlichsten Bratwürste.

(Erstmals erschienen in der Zeitschrift „AVISO - Zeitschrift für Wissenschaft und Kunst in Bayern", Ausgabe 2/2005)

MANFRED WILHELM

Herausgeber, Autor, Gestaltung *— geboren 1965 in Kemnath am Buchberg. Landwirtschaft. Frühe Begeisterung für Winnetou und Günter Netzer. Später Linksfuß in Mittelfeld und Sturm. Kurze Langhaarphase. Anhänger von Borussia Mönchengladbach. Zivildienst in „Boddenstaa". Punkphase. Versuchsbassist. Abitur in Nürnberg. Studium Kommunikationsdesign (Dipl.) in Würzburg. Gründung BÜRO WILHELM 1994. Besitzt ein persönliches Telegramm des Heiligen Stuhls aus Rom. Typograph. Verleger. Mundartfreund. Lebt in Amberg, verh., vier Kinder.*

DR. MATTHIAS SCHÖBERL

Autor *— Der 1975 leider nicht in Amberg geborene, aber immerhin aufgewachsene nachmalige promovierte Historiker und studierte Philosoph ist als ehemaliger Stadtrat und Bruder Barnabas, der zur jährlichen Josefifeier den Großkopferten die Leviten liest, bekannt. Eine Dekade verdingte er sich im bayerischen wie bundesdeutschen Ausland als Journalist, u.a. für das ZDF in Mainz („irgendwas mit Medien"). Der Autor lebt mit Frau und zwei Kindern in Amberg.*

FLORIAN HÄUSLER

Autor *— „Waschechter" Amberger (geboren 1969), schrieb bereits in jungen Jahren einen zu Recht nie veröffentlichten Indianerroman, später dann Songs für die lokal agierende Deutschrockband „Painful Toe". Nach Abschluss des Germanistik- und Geschichtsstudiums in Regensburg und München folgte er dem Ruf der Heimat. Er arbeitet als Gymnasiallehrer und lebt mit drei Frauen (11, 14, 47 Jahre) in Amberg.*

PHILIPP KOCH

Gestaltung *— Als freiberuflicher Art Director war Philipp Koch nach seinem Kommunikationsdesign-Studium die letzten Jahre in München tätig und arbeitete dort für verschiedene Agenturen und Kunden, wie z.B. für den Deutschen Caritasverband, Hubert Burda Media, das Architektur-Magazin „Baumeister" oder den Rowohlt-Verlag. Nach seiner Rückkehr in die Oberpfalz („Aaf Amberg zruck") bot das Buchprojekt „Alles Amberg" nun die ideale Gelegenheit, seine Heimatstadt noch einmal neu kennenzulernen.*

EVA WÜNSCH & LUISA STÖMER

Illustration *— Eva Wünsch und Luisa Stömer - oder Wünsch&Stömer - arbeiten seit fünf Jahren zusammen. Als Freundinnen, als Illustratorinnen, Autorinnen und Graphikdesignerinnen. Im Fokus steht die Freundschaft - und das Design, die Wissenschaftsvermittlung als Schnittstelle aus Gestaltung und Information, das Schreiben und die Illustration. Zusammen ist so gut wie alles besser - sogar das Scheitern. Aber vor allem das Arbeiten. Das Ziel sind ein Studiobüro, eine Doppelprofessur, USM Haller, ein Praktikant für die Steuer und ein Bürohund.*

BÜRO WILHELM VERLAG

Verlag *— Im 2002 gegründeten „BÜRO WILHELM. VERLAG" erhalten außergewöhnliche Buchprojekte aus Architektur, Kunst, Fotografie und Literatur eine publizistische Plattform. Im Fokus stehen das Besondere, Auffallende und auch gestalterisch Interessante. So wundert es nicht, dass diese Bücher, in ihrer Aufmachung mit viel Herzblut gestaltet, kleine Schmuckstücke sind, die dem Humorvollen und Skurrilen, aber auch dem ganz Alltäglichen Raum bieten. 2017 Auszeichnung „25 Schönste Deutsche Bücher" für „bogevischs buero - gewohnt".*

IMPRESSUM

Idee, Konzept und Herausgeber: Manfred Wilhelm
Autoren und Sammler: Manfred Wilhelm, Dr. Matthias Schöberl, Florian Häusler
Weitere Beiträge mit freundlicher Genehmigung von:
Eckhard Henscheid, Dr. Johannes Laschinger
Gestaltung: Philipp Koch, Manfred Wilhelm, Büro Wilhelm / www.buero-wilhelm.de
Illustrationen: Luisa Stömer und Eva Wünsch, Nürnberg
Stadtplan Amberg: Sebastian Ehbauer / Büro Wilhelm
Fotos: Manfred Wilhelm, Gerhard Schmidt-Schönenberg, Archiv www.gebruederbaumann.de
Lektorat: Hermann Glombitza

Mit freundlicher Unterstützung: Kulturreferat der Stadt Amberg

ISBN 978-3-943242-84-3

Büro Wilhelm • Ledererergasse 5–7 • 92224 Amberg • www.buero-wilhelm.de/verlag
www.alles-amberg.de

VIELEN DANK FÜR UNTERSTÜTZUNG, ANREGUNG, ERMUTIGUNG UND EXPERTENMEINUNG AN:

Birgit Glombitza-Wilhelm, Dr. Matthias Schöberl, Philipp Koch, Florian Häusler, Hermann Glombitza, Sebastian Ehbauer, Dr. Johannes Laschinger, Luisa Stömer, Eva Wünsch, Ingrid Glombitza, Gerhard Schmidt-Schönenberg, Eckhard Henscheid, Sandra Häusler, Moritz Wilhelm, Klaus Herdegen, Katharina Arnold, Wilhelm Koch, Schießl-Stammtisch, Volker Glombitza, Peter Geiger, Georg Baumann, Wolfgang Dersch, Thiemo Lacher, Toby Mayerl, Christian Klostermann, Richard Dietz, Achim Hüttner, Sandro Maxim, Stadtmarketing Amberg e.V., Referate und Ämter der Stadt Amberg

VERWENDETE LITERATUR/QUELLENANGABEN

Amberger Zeitung

AVISO – Zeitschrift für Wissenschaft und Kunst in Bayern.

Croissant-Rust, Anne: Winkelquartett, Eine komische Kleinstadtgeschichte. Nabu Press 2012.

Bierführer Ostbayern, Harald Schieder, Ralph Forster, Verlag Hans Carl 2014.

Dankerl, Norman: Lesebuch für Amberger und den Rest der Welt. MZ Buchverlag der Mittelbayerischen Zeitung, Regensburg 1989.

Festschrift zum 38. Bayerischen Nordgautag in Amberg, 1034 – Amberg 975 Jahre – 2009. Eine Stadt im Zentrum des historischen Nordgaus, Hrsg. Oberpfälzer Kulturbund, Regensburg 2009.

Schmidt, Otto und Jungwirt, Hans: Kennen Sie Amberg? Verlag Karl Mayr, Amberg 1972.

Laschinger, Johannes: Amberg: Kleine Stadtgeschichte. Pustet Verlag 2015.

Laschinger, Johannes: Sag, kennst du die Stadt. Geschichten aus Amberg. Amberg 1997.

Mittelbayerische Zeitung

Piater, Julia: Ein Einblick in die Geschichte der Kinos der Stadt Amberg von 1909 bis heute, S. 217, in: 1034 – 2009 | 975 Jahre Amberg. Eine Stadt im Zentrum des historischen Nordgaus, Festschrift zum 38. Bayerischen Nordgautag in Amberg 2009.

Roth, Jürgen: Die Poesie des Bieres, Oktober Verlag, Münster 2003.

Seidl, Helmut: Sprichwörtliches über Altbayern: 444 Ortsportraits aus Oberbayern, Niederbayern u. d. Oberpfalz. Verlag Friedrich Pustet 2013.

Schmidt, Otto: Katholikentag. Historischer Verein für Oberpfalz und Regensburg 2016.

Stadtarchiv Amberg
Stadtverwaltung Amberg

Weigl, Bernhard: Der Galgen ist mein Grab – Auf den Spuren der Räuberbande des Franz Troglauer durch Oberpfalz und Franken. Verlag E. Bodner, Pressath 2005.

Wörterböijchl Oberpfälzisch-Deutsch Deutsch-Oberpfälzisch. Verlag Stangl & Taubald, Weiden 2004.

amberg.de
bayerische-eisenstrasse.de
facebook.com/stadtarchivamberg
ehehaeusl.de
erwin-walther.de
gebruederbaumann.de
grandslamfunk.com
hdbg.de
johnnygold.de
geschimagazin.wordpress.com
losdos-online.de
luftmuseum.de
merkur.de
onetz.de
spielplatznet.de
vilswanderer.de
wikipedia.de